発達障害児の
感情コントロール力を育てる
授業づくりとキャリア教育

新井英靖・三村和子・
茨城大学教育学部附属特別支援学校編著

黎明書房

はじめに

　今，教育現場では，「情緒障害児」が急増している。小・中学校に併設されている特別支援学級の在籍児童生徒数はここ数年で1.5倍以上に増加しており，多くの情緒障害児特別支援学級が新設されている。この背景には，通常の学校で発達障害に対する理解が浸透したという理由も考えられるが，筆者はそれだけではないだろうと考えている。

　20世紀の終わりごろから，社会の価値観が多様化するとともに，地域や家庭の人間関係が希薄化する中で，情緒不安定の子どもが増えていることは見逃せない。そして，この問題の一端が児童虐待の増加として表面化している。被虐待児の多くは，暴力や放任などの極端な子育てによって心身の発育不良が認められ，感情・情緒の発達を含めた特別な教育的アプローチが必要である。

　一方，「虐待」とは異なるが，発達障害児やその周辺の子どもたちがパニックを起こしたり，離席や教室から抜け出すなど，落ち着かない子どもが多くなっていることも事実である。学校教育では，こうした子どもたちに社会性を身につけさせようと，ソーシャル・スキル・トレーニングが実践されてきたが，果たしてこうしたアプローチで子どもの感情コントロール力は育つのだろうか。

　本書はこうした問題意識の中で，情緒不安定の子どもに対する教育的アプローチの方法を実践的に詳述したものである。筆者は，この鍵を握るのは「他者とのやりとりの中で発展していく実感を伴った社会的活動」ではないかと考えている。そして，こうした社会的活動は，平成21年3月の学習指導要領に示されたキャリア教育と大きく関係するものであると考え，本書のタイトルを『発達障害児の感情コントロール力を育てる授業づくりとキャリア教育』とした。

　本書の構成は，まず第1章・第2章では，感情の特性を平易に解説し

た上で，学校・教師が子どもとどのようなスタンスで関わるかという点について述べた。その上で，第3章・第4章では，子どもの感情を育てるために，幼少期から青年期にかけてどのような社会的活動を行うことが必要であるかについて述べた。加えて，第5章・第6章では，子どもが活動に参加できるようにするためには，どのような授業づくりをしていく必要があるのかについて解説した。

第7章・第8章では，子どもの感情コントロール力を育てる授業づくりとキャリア教育の具体的な実践方法について，実際の授業を紹介しながら示した。さらに，第9章では，それまでの章で解説したような社会的活動になかなか参加できない深刻な情緒障害児に対する教育方法について詳述し，最後に第10章で，感情コントロール力を育てる授業づくりとキャリア教育を実践するのに必要な教師の資質や専門性について述べた。

このように，本書では，知的障害を含む発達障害児を中心に，被虐待児を含めて，情緒不安定な子どもに対する授業づくりの実践を中心に述べている。しかし，ここで論じられている教育方法は，地域の小・中学校あるいは幼稚園・保育園といった通常のクラスに通っている情緒不安定な子どもにも通じるものである。そのため，本書は特別支援学校や特別支援学級の教師に向けたものでありながら，小・中学校や幼稚園・保育園の先生方にも役に立つ内容となっている。

この意味において，本書は特別支援教育がこれまで蓄積してきた教育方法を感情面から整理し，すべての子どもに通じる教育実践の方法を具体的に解説したものであるといえる。近い将来，日本にもインクルーシブ教育時代が到来するであろうが，本書がささやかながらもインクルーシブ教育実践の進展に貢献できれば幸いである。

筆者を代表して　　新井英靖

目　次

はじめに　1

第1章　感情コントロールが難しい子どもの内面をどう成長させるか　7

 1　感情的に折り合いをつけることの重要性　8
 2　SSTだけでなく，感情的対処の方法も教育する　11
 3　感情モードを切り替える方法を指導する　14
 4　感情コントロール力をつけるために子どもの内省力を育てる　17
 コラム●気分転換も1つの感情コントロール力　20

第2章　子どもの内面を成長させるために大人（教師）はどう関わるか　21

 1　大人（教師）との関係の中で育つ心のゆとりと安心感　22
 2　恐怖と不安が感情コントロール力を喪失させる　25
 3　不安定な感情を支える自尊感情の育て方　30

第3章　感情コントロール力を身につけるのに重要な幼児期・学童期の遊び　33

 1　「遊び」を通して感情コントロール力を育てる　34
 2　発達障害児に対する遊びの指導の方法　37
 3　遊びから「ものづくり」への発展　40
 4　「活動の魅力」が子どもの主体的な活動を引き出す　43

コラム●理想と現実のギャップをどう受け止めるか？　46

第4章　感情コントロール力を育てる　キャリア教育　47

　1　実感を伴った社会的活動の重要性　48
　2　困難場面を設定したプロジェクト学習を通して学ぶ　51
　3　教師の「見えない指導性」を発揮する　54
　4　しなやかな教師が子どもの感情を育てる　57
　コラム●「この人のために何かをしよう」と思える働きかけ　60

第5章　感情コントロール力とキャリアを育てる　授業づくりの方法　61

　1　人やものとつながる活動の魅力　62
　2　試行錯誤できる状況をつくる　65
　3　人とものをつなぐ「道具」の役割　68
　4　集団の中で「考える子ども」を育てる　71
　コラム●悩み相談は感情開示の1つ　74

第6章　教授モデルを通して　教師の働きかけの質を高める　75

　1　「流れ」をつくり活動を発展させる　76
　2　教師の多様な関わり方を考える　80
　3　教師の指導性と教授モデル　87
　4　チーム・ティーチングを支える研究授業　90
　コラム●固定概念を外して本当の子どもを見る　92

目　次

第7章　感情コントロール力の育成と
　　　　キャリア教育の実践展開Ⅰ　93
　　　−活動に参加できない子どもの表現・造形遊び−

1　素材を吟味し，遊びを発展させる　94
2　素材を活かした関わりと授業の「流れ」　101
3　教授モデルにもとづく実践展開　105
4　主体的に活動に参加するD児への関わり　108

コラム●気分を緩和させる多面的な自己　112

第8章　感情コントロール力の育成と
　　　　キャリア教育の実践展開Ⅱ　113
　　　−キャンドル・コースターづくりを通したキャリア教育−

1　ものづくりの魅力を感じる子どもたち　114
2　活動意欲を引き出すE児への関わり　119
3　集中してものづくりに取り組むF児への関わり　124
4　好循環を生み出すキャリア教育　128

コラム●言葉にならない意味をキャッチする　130

第9章　感情を抑えきれない子どもへの
　　　　対応と授業づくり　131

1　気持ちと行動を抑えきれない子ども　132
2　医療との連携と個別的対応の必要性　135
3　身体的コミュニケーションの重要性　138
4　子どもと関係を築く自立活動の実践方法　141
5　身体を通して「つながる」ムーブメント教育　145

第10章　子どもの感情コントロール力と
　　　　キャリアを育てるために　149

　　1　自己と社会の価値を一致させる　150
　　2　集団で高まり合う学級づくりと授業づくり　153
　　3　多面的な自己を形成する大人（教師）の関わり　156
　　4　「振り返る教師」が子どもを育てる　159

文献一覧　161
おわりに　164

第1章
感情コントロールが難しい子どもの内面をどう成長させるか

1 感情的に折り合いをつけることの重要性

(1) 本来，子どもには感情コントロール力がある

　昨今，学校現場において「感情コントロール力が低い子どもが多くなった」という声が多く聞かれる。たしかに，筆者が地域で受ける教育相談も，感情コントロール力に課題があるケースは多くなっている。その内容も，予定の変更のたびに不安になる子ども，「こだわり」行動を止められると不安定になる子ども，ゲームで負けそうになると怒り出す子どもなど多岐にわたっている。ただし，そうした子どもの困難が発達障害に由来するものなのか，家庭や学校の環境要因によるものなのか判別しにくい子どもが多く，子どもの様子を詳しく聞いてみる必要がある。

　このとき，情緒不安定の子どものケースについて詳しく聞いてみると，ある意味で子どもには感情コントロール力が備わっているのではないかと思われることがある。たとえば，大好きな電車を机の上で走らせようと，レールを敷いてその上に車両を置こうとする子どもがいたとする。子どもは早く電車をレールの上に置いて走らせたいだろうに，それでも子どもは，手先に意識を集中させて，「そっと」電車を置く。

　こうした行動は，「電車を走らせる」という目的に向かって，子どもが自分の

気持ちを抑えてそっと電車を線路に置く子ども

はやる気持ちを抑えて，行動を調整していると捉えられる。それがたとえ「こだわり」行動であったとしても，また，教師の指示を無視して続けている活動であったとしても，子どもは自分の感情をコントロールしながら行動を調整している。

こうした情緒不安定な子どもは，多くの場合，「やりたいこと」は主体的に取り組むが，「やりたくないこと」は我慢ができずに混乱してしまい，感情をコントロールできないことが多い。しかし，子どもが「とてもやりたい」と思う活動の中で感情をコントロールする力を育てていくことが「子どもの本来の姿」なのではないかと考える。

こうした理由から，子どもに社会性（社会に適応できる行動）を身につけさせようとする場合には，子どもにとって魅力的な活動を用意し，その中で子どもがはやる気持ちを抑えながら行動を自己調整するように指導していくことが重要なのではないかと考える。

(2) 認識的対処としてのソーシャル・スキル・トレーニングの限界

一方で，情緒不安定な子どもに対し，昨今の教育現場では，ソーシャル・スキル・トレーニング（SST）が広く実践されている。この指導は，子どもに守るべきルールを理解させ，授業の中でそれを実践させるといった指導が中心になっている。筆者は，こうしたSSTを否定しているわけではないが，どこかで限界があるのではないかと感じている。

たしかに，発達障害児の中には，人との関係づくりや社会におけるルールやマナーが（認識的に）わからないために，集団になじめず，結果として情緒不安定な状態に陥っている子どもがいる。そうした子どもたちは，「どのようにすれば人とうまく付き合えるのか」といった（認識的な）学習をすることで，自信を持って人と付き合うことができるようになり，その結果，（感情的に）落ち着いて過ごすことができるだろう。

しかし，子どもが直面する困難は，こうした認識的に対処できるものばかりでなく，「ああでもない」「こうでもない」と悩みながら，自分の

認識的な対処と感情的な対処

感情と向き合わなければならない場面もあるだろう。

　たとえば，どうしても受け入れられない「相性の悪い友達」がいたときに，認識的な対処ですべてうまくいくわけではない。「一緒にいるのは本当は嫌だけど，少しは我慢しよう」とか，「これだけは言わせて」など，感情的に折り合いをつけながら，妥協と主張を良い加減で繰り返し，その場を過ごすといった感情的な対処が必要なときもある。

　大人であれば，頭で理解していること（すなわち，「認識的な対処」）を優先させて行動できるので，感情コントロールができるかもしれない。しかし，発達途上の子どもであれば，頭でわかっていても感情が抑えきれないということがあってもおかしくない。

　特に，発達障害児や，家庭で十分に養育されていない子どもは，学校その他で失敗をすることも多く，冷静になって感情を調整できない子どもも多いことだろう。そうした子どもに対しては，認識的な対処の方法を教えるSSTだけでなく，感情的な対処の方法を意図的・組織的に教育するということが必要である。

第1章　感情コントロールが難しい子どもの内面をどう成長させるか

2 SSTだけでなく，感情的対処の方法も教育する

(1) 感情は外界に適応するシステムの1つ

　子どもに感情的な対処の方法を教育するためには，教師はまず，「感情」の特性を知る必要がある。そこで，この節では，感情の特性についてまとめてみたい。

　感情は外界に適応するシステムの1つであると考えられている。たとえば，今いる部屋の電気が突然消えて，真っ暗闇になったとする。そのとき，人は「えっ何これ？」と思い，怖いと感じたり，無事でいられるだろうかと不安になる。これが感情の反応である。

　一般的な大人であれば，そうした感情的な反応の直後に，「すぐに電気はつくはずだ」とか，「誰も何もしてこないから大丈夫」といった認識的な反応が生じ，感情を安定させる方向で働きだす。SSTは，こうした認識的な反応を引き起こしやすくするための学習であり，認識的な理解が促進されることで安心感が高まり，結果的に情緒の安定をもたら

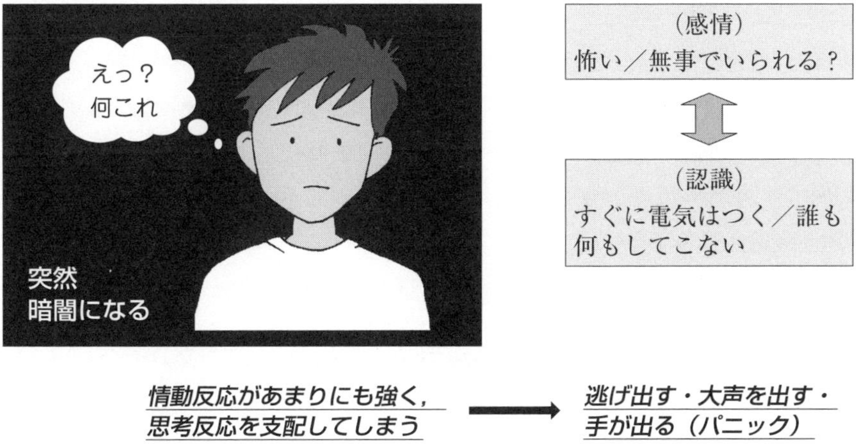

（感情）
怖い／無事でいられる？

⇕

（認識）
すぐに電気はつく／誰も何もしてこない

情動反応があまりにも強く，思考反応を支配してしまう　→　逃げ出す・大声を出す・手が出る（パニック）

11

すものであると考えられる。

　しかし，不測の事態に直面し，不安や恐怖を感じたときに，その感情があまりにも強く，認識的な処理ができなくなってしまったらどうだろうか。そのようなとき，子どもはどうしてよいかわからなくなり，その場から逃げ出したり，大声を出したり，あるいはパニックを起こし，最悪の場合には自己防衛の意味で他人に危害を加えてしまうかもしれない。

　こうした反応は，人間が備えている動物的本能であるとも考えられている。すなわち，人間がまだ動物的に生活をしていた原始的な時代においては，外界に存在する敵（オオカミやクマなど）から身を守るために，「怖い」と感じた瞬間に，逃走するなど何らかの行動を起こさなければ生き残れないこともある。そのため，あとで冷静に考えればそこまで逃げなくてもよかったという状況でも，人は認識で冷静に状況判断をする前に感情的に行動してしまうのである。

　同様の反応は，生まれたばかりの乳児にも見られることがある。たとえば，外界の状況を認識的に処理することが難しい乳児は，ちょっとした大きな音に反応し，ひきつけを起こすことがある。幼児でも，雷が鳴ったり，見たこともない着ぐるみの人形が近付いてきたりすると，冷静な判断をする前に怖くなり，その場から逃げだしたり，パニックを起こしてしまったりする。

　もちろん，こうした子どもたちの多くは大人になるにつれて，不安や恐怖によって感情を大きく混乱させずに済むように成長する。この成長の裏には「同じようなことが前に起こったが何ともなかった」という経験や，「地震・雷などが発生するメカニズムを学び理解する」などの科学的知見が積み重なることにより，不安・パニック・逃走といった連鎖を断つ脳内処理（感情と認識の統一）がある。

(2) 年齢が上がっても冷静な判断力が身につかない子への対応

　ところが，小学生・中学生・高校生と年齢が上がっても，こうした成

第1章　感情コントロールが難しい子どもの内面をどう成長させるか

障害によるケース	生育環境に由来するケース
●感情面（扁桃体）が極端に不安や恐怖を感じる（自閉症等） ●衝動性が高く，冷静に判断できない（ADHD等） ●道筋を立てて「どうすればよいか」を考えることが苦手（学習障害・知的障害等）	（虐待や親の過度の期待により）子どもは常に恐怖や不安を抱いているので， ●「大丈夫」という認識に至らない（安心感の欠如） ●ささいなことで，不安と恐怖に支配される（感情調節障害）

長を十分に遂げることができない子どもが存在する。その理由については，発達的な障害によるケースと，生育環境に由来するケースの2つの側面から検討することが必要であるだろう（上図参照）。

　このうち，道筋を立てて「どうすればよいか」を考えることが苦手な学習障害児や知的障害児には，認識面を整理して，人との関係づくりや社会的なルール・マナーを学習させると感情を安定させることができるかもしれない。こうした子どもには，SSTも有効な指導方法の1つであると考える（もちろん，このときにも，「人とうまく付き合いたい」とか，「みんなの前で恥をかきたくない」といった欲求＝感情は関係している）。

　しかし，その他のケースは単なるSSTでは不十分で，感情的側面にアプローチすることが必要である。特に，情緒が不安定になりやすい障害がありながら，そのことに気づかれずに学校や家庭で無理な指導が継続している場合には，障害と生育環境の双方の要因が絡み合い，子どもの示す情緒不安定も複雑なものとなってしまう。このような子どもには，感情的な対処の方法を指導する必要がある場合が多く，学校で長期にわたって計画的・組織的に対応をすることが必要となる。

3 感情モードを切り替える方法を指導する

(1) ネガティブな感情を切り替えるには？

　それでは，感情的にアプローチをする方法とは，具体的にどのようなものであろうか。ここでは，まず「感情モードを切り替える方法」から述べてみたい。

　前節で，感情は認識的な処理よりも先に反応し，その反応があまりにも強い場合には認識をいったんストップさせてしまうほど，支配力があると指摘した。これは特に，不安・恐怖といった不快（ネガティブ）な感情においてより顕著に現れる。

　ネガティブな感情が連鎖したときには，意識的にポジティブな感情に移行させるきっかけが必要なことが多い。たとえば，授業中に出された問題が解けずにいらいらしている子どもがいたとする。そうした子どもは，周りの友達から「がんばれよ」とか「わからないところがあったら教えてあげるよ」と優しく声をかけられても，「どうせ俺のことを馬鹿にしているんだ」「お前たちはわかるからいいよな」というように友達の好意を否定的に捉えてしまうこともあるだろう。

　特に発達障害の子どもの中には，他者の意図を理解することに困難のあるケースも多いため，授業中に学習がわからなくなったり，友達とちょっとしたトラブルが生じると，ネガティブな感情が連鎖してしまうことがある。こうした失敗経験の蓄積が，否定的な感情を心の中に充満させ，「解いていた問題がわからない」というくらいのちょっとした不快刺激であっても，さらに悪い連鎖が続いてしまう。

　たとえば，「この勉強は嫌だ」→「なんだか息苦しいな」→「ああ，気持ちが悪くなってきた」→「こんなところにいるのはつらくて耐えら

第1章　感情コントロールが難しい子どもの内面をどう成長させるか

同じ感情モードの中で連鎖する

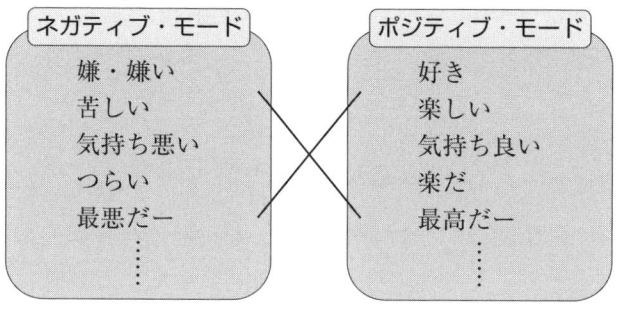

れない」→「今日も最悪だ」というように，学習を継続できる精神状態でなくなり，離席など落ち着きのない行動に出てしまう。

　こうしたネガティブな感情から抜け出し，「好き」や「楽しい」までいかないまでも，「まあいいか」というところまで気持ちを立て直すことができれば，再び学習に取り組めるようになる。そのため，気持ちを切り替えるきっかけとなる言葉を想起したり，リラックスすることも含めて切り替えのための行動を起こしてネガティブ連鎖を断つ工夫が必要である。

　このように考えると，感情モードの切り替えには自分の感情を見つめることが必要である。しかし，発達障害児は自分の気持ちを意識するといったメタ認知機能に障害があることが多いため，自分の置かれている状況や文脈を読んだり，他者の表情を理解することが難しく，ネガティブな感情モードを切り替えるきっかけを自ら見つけ出すことが苦手な場合が多い。

(2)　リラックスルームで気持ちを落ち着かせる

　こうした理由から，発達障害児は日常的にストレスを抱えやすく，通常の子どもよりもていねいに支援していかなければならない。たとえば，その場で気持ちを立て直すように促してもうまくいかない発達障害児に

対しては，リラックスできる場所まで連れて行き，お気に入りの場所で好きな本（雑誌・図鑑など）を10分くらい見て，気持ちを落ち着かせるなどの対応が必要な子どももいる。

　子どもがリラックスできる部屋で落ち着くことがわかったら，教師は子どもの情緒が不安定になりそうな場面で，その子どもに対して「○○の部屋で休む？」などと声をかけるようにする。そして，そうした対応をしていると，今度は子どもがどうしてよいかわからなくなったときに，気持ちを切り替えようと「○○の部屋で休ませて」と教師に要求するようになる。

　このように，情緒不安定な子どもが「こうすれば自分の気持ちは落ち着いていく」ということを学習すると自分で感情をコントロールできるようになる。こうした指導は，知的障害のある子どもにも比較的，通用することが多い。特別支援学級や特別支援学校では，重度の知的障害児に「リラックスルーム」を設けている学校も増えてきた（31ページ参照）。これは，感情的に心地よい対応というのは，言語的・認識的理解を超えたものであるということを意味しているのではないだろうか。

　もちろん，リラックスルームでいつまでも本を見ている子どもには，最初のうちは「そろそろ戻っておいで」と大人が声をかけなければならないかもしれない。言語でリラックスルームのルールを理解することが難しい知的障害児は，タイマーを使って，「時間がきたら終わり」ということを認識できるような支援が必要であるかもしれない。

　こうした支援を続ける中で，気持ちが不安定になったときに，先生の手をひいて「リラックスルームに行きたい」と，子どもが自分の気持ちを伝えられるようになれば，子どもの情緒はかなり落ち着いてくるだろう。すなわち，手をひいて伝えるという非言語的な手段ではあっても，自分の感情を意識しながら他者とつながろうとすることが，感情コントロール力の育成の第一歩であると考える。

第1章　感情コントロールが難しい子どもの内面をどう成長させるか

4　感情コントロール力をつけるために子どもの内省力を育てる

(1)　内省力が感情をコントロールする

　感情モードの切り替えができるようになると，ネガティブ感情の連鎖を一定程度，減らすことができる。そのため，気分が大きく落ち込んだり，怒りを暴発させて他人への危害や物品を破壊したりするなどといった行動上の困難は大きく減少させることができる。

　しかし，感情モードは，ちょっとした気分転換で切り替えられる一方で，逆にちょっとした環境の変化（嫌いな友達の声が聞こえるなど）によって再びネガティブ感情の連鎖が始まってしまうものでもある。

　このように，移ろいやすい感情をコントロールし，大きく揺れることのないように調整するものとして，「内省力」が重要であると考えられている。たとえば，空腹を感じた幼児が，「おかしが食べたい」と思ったとする。このとき，手の届くところにおかしが見当たらないので，「おかし〜」と言いながら子どもがぐずり始めたとしたら，大人はどのよう

育てたい力=「内省力」

17

に対応するであろうか。「おかしなんかありません。我慢しなさい！」と強く子どもに言い放つだけだと，子どもの感情は一気にネガティブ連鎖に加速がかかり，幼児は大泣きしてとり乱すこともあるだろう。

こうしたときに，子どもにうまく対応する大人は，「おうちに帰るまで我慢できる？」など，子どもと「約束」をするように話しかけるのではないだろうか。もちろん，子どもはそうした大人の提案に対して，最初は「すぐ食べたい」と思い，一時的に泣いてしまうかもしれない。しかし，家についておかしをもらう経験を何度か重ねれば，「約束」というものを子どもは理解できるようになり，子どもは感情をコントロールできるように成長する。

これが，2歳から3歳程度の子どもに見られるいわゆる「ダダこね」を乗り越える子どもの発達である。こうした発達で重要なのが，「おうちにつくまで待ってみよう」というような内省力である。

すなわち，感情は社会的ルールを頭で理解するだけでコントロールできるものではなく，また，その逆に感情モードを切り替えるだけで抑えられるものでもないのである。

そうではなく，「欲求を発する自分」と「もう一人の自分」が頭の中でやりとりすることで，揺れながらも感情を適切なところにおさめていくのである。たとえば，「おなかがすいたな」「おかしが食べたいな」と感じ，それがもとで「どうしてくれないの！」という気持ち（欲求）になったときに，「もう一人の自分（理性）」がその気持ちをなだめるかのように，「家まで我慢……」「あとで食べられればいいか」というように自分に言い聞かせることで，何とか我慢できるようになるなどが良い例である。

(2) 内省力を育てるための4つの要素

こうしたもう一人の自分が欲求を感じている自分に語りかける力が「内省力」である。それでは，内省力を育てるために私たちは子どもに

第1章　感情コントロールが難しい子どもの内面をどう成長させるか

どのように働きかけるとよいのだろうか。

　これには、以下の4つの視点を意識することが重要であると考えられている。まず、①自分が置かれている状況を（可能な限り）時系列をおって理解できるようになることが必要である。そのために、大人は「どうしてこうなったのかなあ……？」と子どもに聞くような関わりが求められる。②その上で、子どもが自分の気持ちを意識できるように、「今、どんな気持ちだった？」と聞き、自分の置かれている状況とそのときの気持ちを結びつけるように促すことが重要である。

　そして、③自分の今の状況や気持ちを意識できたら、次に今後のことを考えさせ、「どんな順番でやるといいと思う？」など、先の見通しを持たせるような働きかけをする。このとき、「今すぐにしたいことでも、少し待てばできるはず」など、長期的な視点で考えることができれば、感情コントロールにつながることが多い。④そのためには、「同じ失敗をしないように、今、何をすればよいか」など前後の因果関係に着目させる働きかけも必要である。

内省力を育てる働きかけ

　もちろん、こうした内省力を働かせるためには、感情・情緒が穏やかな状態でなければならない。そのため、前節の感情モードの切り替え方法を子どもに指導しつつ、内省力を働かせる指導をする必要がある。

　また、内省力を働かせるにはある程度の認識能力の発達が前提であり、子どもの発達状況に応じて大人の働きかけを変化させることも必要である。

コラム

気分転換も1つの感情コントロール力

　感情コントロール力の育成と言うと，何やら「我慢の練習」といった印象を持つ人もいるかもしれないが，気分転換を意識的にできるということも感情コントロール力の1つである。たとえば，気分が晴れないときにバッティングセンターに行ったり，ボウリングをしてスカッとするというような人がいることは想像できるだろう。これは好きな遊びをすれば，嫌なことを忘れられる，あるいは体を思いっきり動かせば気持ちのモヤモヤも吹っ飛んでいくというもので，「気分転換の効果」であると思われる。

　感情の特性から考えると，こうした気分転換の効果はもう少し違った言い方ができる。すなわち，バッティングセンターに行ったり，ボウリングをするといった好きな活動をしている間は不快な感情から一時的に離れられる。すると，ネガティブ感情の連鎖からいったん解放され，ものごとを別の角度から見る余裕が生まれ，気にしていた嫌な気分が緩和することがあるというものである。

　このように，気分転換は，不快な感情モードを切り替え，感情を一度，ニュートラルにする効果がある。子どもの指導で考えれば，ストレッチやリラクゼーションなど，身体的な遊びでこうした効果が期待できる。「ぎっこんばっこん（シーソー遊び）」などのような，昔から親子でしている身体遊びを，大人も一緒になって楽しむことで，ネガティブ連鎖を断つきっかけをつかむ子どもも多い。

　このように，感情コントロール力の育成は，子どもに我慢させながらするものではなく，息抜きをしながら子どもと一緒になって楽しむ中で進めていくものではないだろうか。すなわち，気分転換や休憩を意識することを含めて子どもを指導することが，学校や教師に求められていると考える。

（新井英靖）

第2章
子どもの内面を成長させるために大人（教師）はどう関わるか

1 大人（教師）との関係の中で育つ心のゆとりと安心感

(1) 感情コントロールに必要な「心のゆとり」

　第1章では，感情を自己コントロールするためには，感情をうまく切り替えながら，内省することで自らの気持ちを安定させていくことが重要であることを述べた。そこで，第2章では，子どもが気持ちの切り替えや，内省できるようになるためにはどのような教育（生育）環境が必要であるのかについて考えてみたい。

　気持ちの切り替えや内省力を育てる環境として重要なものを1つ挙げるとすれば，それは「心のゆとり」である。人は心にゆとりがなければ，気持ちを切り替えることも難しくなるし，ゆっくり自分を振り返ることもできないだろう。

　こうした「心のゆとり」は出生直後からの人間関係によって形成される。すなわち，生まれたばかりの乳児は他者とうまくやりとりができないので，空腹やオムツが濡れるなどの不快を感じたときに，体をよじって泣くといった形でしか表現できない。しかし，周囲の養育者が適切に対応することにより，生理的な欲求がある程度満たされる経験を重ねると，多少の空腹を感じても，即座に泣きわめくことはなくなり，声を使ったり，身振りや表情を使ったりして，周囲の大人に自分の気持ちを伝えるようになる。

　こうした子どもの変化は，「子どもが外界を認識し，適切な表現手段を身につけた」と，認識面の成長として評価することができる。しかし，感情面からこうした変化を捉えると，「自分の不快な状況をモニターしながら，その不快をうまくコントロールして他者とつながろうとした」と考えることもできるのではないだろうか。子どもは，出生直後から大

第 2 章　子どもの内面を成長させるために大人（教師）はどう関わるか

人とこうしたやりとりを繰り返す中で，安心感を感じ，即座に泣くのではなく，先を見通した行動をとれるようになる。

(2) 発信・受信に困難がある自閉症児への支援方法

　しかし，発達障害児の中には，その障害が大きな壁となって，他者とのやりとりに制限が加わってしまうことがある。たとえば，自閉症児は声（イントネーション）や表情（アイコンタクト）を使って自分の気持ちを伝えることが苦手である。そのため，乳児期の自閉症児は相手に要求をうまく伝えることができず，周囲の大人も自閉症児の気持ちをくんで適切に応答することが難しくなる。

　さらに，自閉症児のコミュニケーション方法は一人ひとり異なるので，新しく出会った大人が自閉症児と意思疎通できるようになるまでには相当の時間がかかる。このため，自閉症児は人間関係づくりに困難が生じ，ストレスフルな状況に置かれる。また，自閉症児は，ストレスからくる不快な気持ちを誰かに伝えることが苦手であり，これらが重なると，結果として情緒不安定の状態に陥ってしまうのである。

信号の発信・受信が微弱な自閉症児

表情（視線：アイコンタクト）
口調（イントネーションや語勢）
子どもと大人の身体的距離
身体接触等による意思表示

他者の身体（皮膚）・表情の変化を読み取れない	自分の身体（皮膚）・表情をうまく活用できない
変化が早すぎて，よくわからないまま過ぎていく……	理解できても，相手に伝える方法がわからない

乳幼児期からの関係性の発達に黄色信号

こうした悪循環が乳幼児期から繰り返されると，周囲の大人に対する基本的信頼感の形成にも支障が出る可能性がある。これがもとで，自閉症児が「こだわり」の世界に閉じこもるのだとしたら，それは，「人とのやりとりが嫌い」なのではなく，成長の過程で人とやりとりすることが嫌になってしまったという考え方もできる。

　このことに加えて，自閉症児のコミュニケーションを阻害する感覚過敏性についても多少，ふれておきたい。自閉症児の中には特定の光（蛍光灯がまぶしい）や音（ある子の声がとても気になる）などに過敏に反応する子どもがいる。これらは感覚入力段階に障害があると考えられるが，それがパニックや教室からの逃走といったことと結びついているのであれば，感情的側面からも検討しなければならない。

　たとえば，特定の音が嫌いな自閉症児は，過去にそれに近い音を聞いて，不快と感じる経験があったかもしれない。自閉症は不安を司る扁桃体に障害があり，一般的な子どもよりも不安が大きくなりやすい特性があるという障害仮説も出されている。こうした知見を参考にすると，自閉症児は光や音に過敏に反応したときに，そこから逃れられないといった極度の不安や恐怖に支配され，パニックを起こすのだと考えられる。

　このとき，自閉症児の多くは，人に自分の気持ちをうまく伝えることが苦手なので，子どもがどのような気持ちでいるのかを周囲の大人が理解することが難しいこともある。そのため，自閉症児は嫌いな音や光を取り除くことができず，そうした不快な環境の中で長期間過ごすことになってしまい，それが影響して周囲の人と関係を築くことにつまずく場合がある。

　こうした理由から，自閉症児と向き合う教師は，子どもの不安を感じ取り，微弱な発信を捉え，適切に対応することが重要である。特に，他者との関係性をうまく形成できずに情緒不安定になっている自閉症児に対しては，認識面に配慮することのみならず，感情面にも注目し，自らコントロールする力を育てる特別なプログラムが必要となる。

第2章　子どもの内面を成長させるために大人（教師）はどう関わるか

恐怖と不安が感情コントロール力を喪失させる

　前節では，発信・受信がうまくできずに，「すれ違い」が生じてしまい，感情・情緒の面でも特別な支援が必要な自閉症児の特徴について述べた。それとは別に，近年，虐待等により，親が子どもに適切な対応ができずに，子どもの情緒が不安定になっているケースも増えている。こうした子どもの多くが不安と恐怖から精神のバランスを崩し，さまざまな感情・情緒面の困難が表面化している。

　そこで，本節では被虐待児の感情・情緒の特徴について述べながら，そうした子どもに対する支援方法について考えていきたい。

(1) 時空間が混乱してしまう子ども（トラウマ）

　まず，被虐待児に多く見られるトラウマ反応から見ていきたい。たとえば，昨日，親がイライラしていて，大した理由もなく子どもを折檻し，

記憶の混乱と不安の増大

25

長い時間，押入れなどの狭く暗い所に閉じ込めたとする。そうした虐待を数年にわたって受けている子どもは，暗い所に対する不安と恐怖が心の底に根付いてしまっている。

こうした中で，ある子どもが押入れに長時間，閉じ込められた次の日，虐待を受けた場所とは違う学校で，虐待をしている父と同じくらいの年の男性教師から，「あっちの部屋に行こう」と言われたとする。教師に誘われた部屋が少し暗い場所であったとしたら，その部屋に入ったときに昨日の虐待されたシーンが脳裏をよぎり，子どもは不安と恐怖に支配される（前ページのイラスト参照）。

これがいわゆるトラウマ反応であり，極度の不安と恐怖にさらされることで，時間と空間の整理がつかなくなり（認識で処理できなくなり），冷静に考えれば先生が折檻をすることはないはずなのに，感情的に混乱し，奇声をあげたり，パニックに陥ったりするのである。こうした子どもには，とにかく「学校や教室が安全な場所である」ということを常に伝え続けることが必要である。特に，小さな子どもは，認識的に理解できないことも多いので，安全・安心を伝える際に，背中をさするなど，身体を介して感情に訴えかけることが必要であるかもしれない。

(2) 不快を感じるとキレる子ども（感情調節障害）

こうした極度な不安や恐怖に長期間さらされていると，ちょっとした不快を感じただけで極度に攻撃的になる子どもがいる。たとえば，国語や算数の時間に，答えがわかりそうな問題に取り組んでいるときは，勢いよく手を挙げて授業に参加していた子どもが，問題がわからなくなった途端に怒りだし，授業妨害を始めるなどである。

こうした状況を子どもの感情面に着目して解釈してみると，「わからない問題」を目の前にしたときに，「どうしよう」と一瞬，不安な気持ちがよぎる。このとき，それまでの人生でたくさんほめられてきた「心にゆとりのある子ども」であれば，不安な気持ちを抱えながらも，「何

第2章　子どもの内面を成長させるために大人（教師）はどう関わるか

不安と恐怖が心身のバランスを崩す

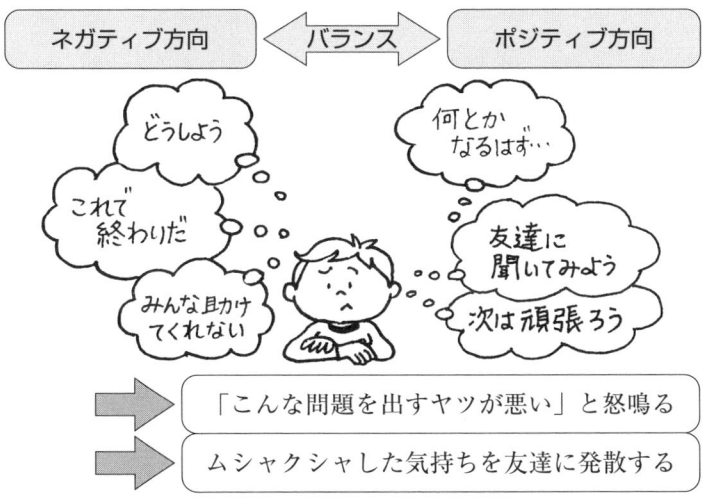

とかなるはずだから，頑張ってみよう」と気持ちを切り替えることができる。仮に，問題を解いている過程で，「自分にはどうしてもわからない」と感じたとしても，「友達に聞いてみよう」とか「今回はわからなかったけど次は頑張ろう」というように対処の仕方を多角的に考えながら，ポジティブな感情を喚起して問題を解き続けることができる。

　しかし，ネガティブな感情を常に充満させて生活している被虐待児は，ちょっとした心理的負荷に耐えられず，ネガティブ連鎖が生じやすい。すなわち，「どうしよう」という不安を感じたときに，「もう終わりだ」「どうせみんな助けてくれないんだ」という否定的な気持ちが増大し，そうした気持ちに陥っている自分を何とか保とうと「こんな問題を出すヤツが悪い」と言って教師を怒鳴ったり，隣の友達の答案用紙をびりびりにしたりして，むしゃくしゃした気持ちを発散しようとする。

　被虐待児などの感情調整が難しい子どもは，以上のようなメカニズムで問題行動を起こしていることが多い。そのため，被虐待児が暴言を吐いたり，乱暴な行為をしたりするきっかけはとてもささいなことであることも多い。しかし，きっかけはささいなことであっても，日常的にス

トレス下に置かれている被虐待児は不快な感情が連鎖しやすく，悪化していく不快感情を自己コントロールすることができなくなって，暴言・暴力へと発展してしまうのである。

　もちろん，暴言・暴力をすべて受容しなければならないということを述べているわけではない。ただ，感情の側面から子どもの内面を覗いてみると，被虐待児の問題行動は，不安と恐怖に支配されていて，自分では感情を調節することができなくなり，やむにやまれず暴言・暴力という形で気持ちを発散していると捉えることが必要である。これは，見方を変えれば，暴言・暴力という形で子どもが大人に助けを求めているというように考えられる。

(3)　空想の世界に逃避する子ども（解離性症状）

　こうした子どものSOSに周囲の大人が適切に対応しなかったら，子どもの精神状態はどうなるだろうか。人は現実世界で生きていくのがつらくなったとき，空想の世界に自分を逃避させることがある。こうした症状を「解離（かいり）」と呼び，被虐待児にときどき，見られる症状である。

　解離性症状とは虐待の苦痛から逃れるために，空想の世界で生きようとする現象と捉えられる。空想の世界に逃避しているとき，子どもは意識的・自覚的に行動することが難しくなる。そのため，大人が被虐待児と話をしようとしても，いつもと目つきが変わり，別の人のように見えたり，やりとりが生返事でボーッとしているように見えたりする。

　また，空想の世界で「俺はこの学校を征服した王様だ」といったストーリーを作り上げ，ようやく精神を安定させることができる子どももいる。このとき，「（俺は王様だから）言うことをきかないやつは殴る」という空想世界のルールを現実場面で実行し始めたとしたら，周囲の子どもはそれに巻き込まれ，理不尽にも殴られてしまうこともある。

　こうした現実世界と空想世界が混乱し，空想の世界の人格で日常生活

第2章　子どもの内面を成長させるために大人（教師）はどう関わるか

解離性症状の子ども

を過ごそうとする精神状態を「多重人格（解離性同一性障害）」と呼ぶ。被虐待児のすべてがこうした深刻な精神障害に陥るわけではないが，極度の不安や恐怖に長時間さらされたときに解離性症状が現れる被虐待児は多くいると考えられている。

　本節で見てきたトラウマ反応や感情調節障害あるいは解離性症状は，被虐待児の心理的特徴として解説されていることが多い。その一方で，発達障害児の中にも，一部でこうした状態にある子どもがいる。
　発達障害児は，生まれつき情緒障害を併存しているケースはそれほど多くはなく，二次障害として理解することが必要であろう。ただし，発達障害児への対応方法が十分に理解されていない環境の中で長く過ごすと，二次障害として情緒障害の状態に陥る発達障害児が残念ながら存在する。こうした場合には障害特性に応じた指導を提供するばかりでなく，「安全・安心」を感じられるような学級づくりと感情コントロール力を育てる教育を提供することが必要であると考える。

3 不安定な感情を支える自尊感情の育て方

　これまで，発達障害児と被虐待児を例にして，感情コントロールが難しくなる要因やその特徴について述べてきた。障害と虐待は本質的なところで要因が異なるので，本来なら同じ書籍で論じることは適切ではないかもしれない。

　しかし，二次障害としての情緒不安定をあわせもつ発達障害児も多くいることや，昨今の情緒障害児特別支援学級の児童生徒の中には生来からの発達障害ではなく，虐待等により発達障害のような症状を示す子どもが多く入級している現実を考えると，感情・情緒をどのように発達させ，自己コントロール力を育てていくかについて総合的に論じることが必要であると考える。

　そこで本節では，感情・情緒が不安定な子どもが自己コントロールできるようにするための基本的な原則について考えていきたい。

(1) 感情コントロールに必要な自尊感情

　第2章の冒頭で述べたように，感情の自己コントロールに必要な教育環境は，困難場面に直面しても対応できる「心のゆとり」であった。それでは，「心のゆとり」を持って生活できる人とそうでない人の間にどのような差があるのだろうか。ここで，注目されているのが「自尊感情」や「自己肯定感」である。

　これらを簡単に説明すると，自分が好きで，得意なことや自信がある人は，他人の失敗も受け入れられ，感情も安定させられるということである。こうした自己形成は，「自分は○○ならできる」ということがわかる（認識）だけでなく，他者からたくさんほめられ，認められ，自信をつけるといった肯定的な感情の蓄積が必要である。これまでにも述べ

てきたように，情緒不安定な子どもは，ほめられたり認められたりする機会が少なく，それが理由で自己否定的な感情が蓄積していることがある。そのため，教師や保護者は，子どもの自尊感情や自己肯定感が高まるような関わりを意図的にしていくことが重要なのである。

(2) 特別支援教育のノウハウを活かした関わり方

　こうした情緒不安定になりやすい子どもに対しては，特別支援教育がこれまで蓄積してきたノウハウは大いに利用できる。たとえば，感情・情緒が不安定になりやすい子どもに対して，一時的に別の部屋で気持ちを落ち着かせる空間（リラックスルーム）を用意して，安心感を感じさせる環境づくりをしている学校・学級も多い（下の原則を参照）。

　また，「ほめて，認めて，自信を持たせる」取り組みについても，特別支援教育がこれまで原則としてきた指導方法は一般の子育てや教育の方法としても応用することができる。たとえば，特別支援教育では「良いところを見つけてほめる・認める」という方法ではなく，「良いところを生み出して，それをほめる・認める」というようなやり方をとっている（具体的な対応方法については次ページ参照）。

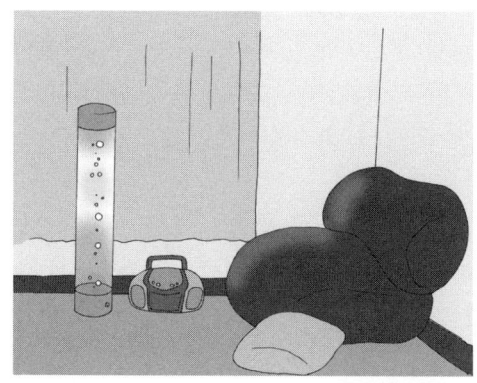

安心を感じる環境づくりの原則
- 教室とは違う空間の演出。
- 気持ちを切り替える手段（音楽など）の用意。
- 徐々に時間を決めて，教室に自分から戻れるような指導（タイマーなどを活用して）。

安心できる環境づくり：リラックスルーム

情緒不安定な子どもへの「ほめ方・認め方」

結果がわかりやすい課題を与える	●できそうな課題ではなく，できる課題を与える。できたときは大いにほめ，できない・やらないときは次に期待する。
頼りにされている経験を増やす	●子どもが好きな活動（ただし，子どもがその係活動をしなくても大きな問題にならないもの）を係にして，子どもを頼る。
良いところを子どもに意識させる	●情緒が安定しているとき，「先生はあなたのその笑顔が好き」など，良いところを具体的・直接的に話して伝える。

　もちろん，上記の情緒不安定な子どもへの「ほめ方・認め方」は一例であるので，このままやればよいというものではない。また，子どもによっては別のやり方のほうが「ほめられた・認めてもらえた」という実感を持てる子どももいるだろう。

　ここで言いたいことは，「ほめる・認める」ということに高いハードルは必要ないということである。大人から見れば，その年齢の子どもなら，「できて当たり前」と思われる活動であっても，子どもがその活動に主体的に取り組んでいるのであれば，それをもってほめて，認めることが自尊心や自己肯定感につながるということである。

　こうした経験をたくさんしている子どもは，そのうち他者と協働し始め，活動に自分なりの創意工夫を加え，生産的な活動に参加することができるようになる。こうした意味で，感情のコントロール力を育てるということは，キャリア教育の基礎であり，あらゆる社会的活動の基盤になるものであると考える。

第3章
感情コントロール力を身につけるのに重要な幼児期・学童期の遊び

1 「遊び」を通して感情コントロール力を育てる

(1) 感情コントロール力の育成に必要な社会的活動

　これまでの章では，主として感情コントロールが難しい子どもの内面をどのように成長させ（第1章），その成長を促すために，子どもを取り巻く大人（教師）がどのように関わるか（第2章），について述べてきた。そして，こうした大人（教師）からの適切な働きかけが，子どもに安全・安心を感じさせ，冷静に考え，判断し，行動する基盤となる「心のゆとり」を生み出すということを述べてきた。

　それでは，大人が子どもとの関わり方を意識し，調整していきさえすれば，子どもは自分の感情をコントロールすることができるようになるのだろうか。いや，それだけでは不十分であろう。

　なぜなら，子どもの気持ちを支え，自信を持ち，他者の意見を受け入れようとする気持ち（感情）というものは，そこに自分を認めてくれる他者がいるということだけで育つものではないからである。特に自閉的傾向の強い子どもは他者の働きかけの意味を理解することが苦手であることも多いので，他者からの働きかけだけで自信を持って自らの行動を調整するといった発達を実現するのは難しいと考える。

　そこで，第3章と第4章では，子どもの社会・情緒的な発達を支えるもう1つの柱として，社会的活動に注目してみたい。社会的活動とは，人や物とつながりながら行う広く一般的に見て有用と思われる活動をいう。もっともわかりやすいものとして生産活動＝ものづくりが挙げられるが，本書では必ずしも「物」を生産しなくても，「シュレッダーで不要な紙を裁断する」とか「必要な人のところに物を運ぶ」などといった役割を果たす活動も社会的活動と捉えている。

第3章　感情コントロール力を身につけるのに重要な幼児期・学童期の遊び

(2) 「遊び」の中で感情が揺れ動くときに指導する

　特に，幼児から小学生の時期においては，「社会の役に立つ活動」という性格が多少薄れていても社会的活動とみなす必要がある。たとえば，幼児にとって一番の社会的活動は「遊び」であるが，遊んでいることで誰かの役に立っているわけではない。

　幼児のおままごとを例に挙げて考えてみると，おままごとをしている子どもたちの中では，疑似的にかなりの生産活動が行われている。「お母さん」の役を演じている子どもはごはんを作り，それを座って食べている「お父さん」や「子ども」の役を演じている友達は「おいしいね」「ありがとう」と言いながら社会生活を営んでいる。幼児のごっこ遊びは，現実世界で実現できない子どもの憧れを遊びの中で実現しているものであると捉えられるが，こうした意味でも，幼児の遊びはいずれ現実世界で繰り広げられる社会的活動のミニチュアであると考えられる。

　そのため，幼児期・学童期の遊びは，社会的活動を実際に行うようになる前段階のものであり，それをうまく教育・指導の中に取り込んでいくことで，社会性を身につけていくことができると考えられる。たとえば，おもちゃを取り合ったり，ごっこ遊びで自分のやりたい役を誰かに取られてしまったりして，泣き出してしまう子どもがいたとする。このとき，おもちゃの取り合いも1つの社会的活動であると捉えれば，こうしたけんかは幼児に人との関係の築き方を学ばせる絶好の機会であるといえる。

　このように，幼児は遊びの中で「やりたいこと」がうまくできなかったり，他人におもちゃを取られたりして，遊びを阻まれ，感情が混乱し，怒り出す。遊びの中で感情が動くこうしたときこそが，「内省力」を育てるチャンスであり，こうした指導の中で社会的活動に参加し続けることができる力が身につくのではないかと考える。

幼児期・学童期は……
「遊び」こそ最高の「学び」

> 遊びと感情調整の関連性

- やってみたいことが目の前にある……
  ⇒ 意欲的・主体的に活動する
- 複数の人が同じ活動に興味を持つ……
  ⇒ 共同活動の中で葛藤が生まれる
    （感情調整が必要となる）
- 自分とは違うことをする他人を意識する
  ⇒ 自分はどうしようかと考える
    （感情調整ののち，社会的態度が形成され，
    自己が明確なものになっていく）

(3) 遊びを通して感情を揺さぶりながら，「調整力」を身につける

　このように考えると，幼児期・学童期は「遊び」こそ最高の「学び」であるといえる。特に，幼児の発達段階は見る・聞く・触れる・味わうなどの感覚が気持ち（感情）と結びつきやすい時期である。これは，幼児の発達段階は言語が十分に発達していないため，感覚器官から入ってきた情報を認識的に処理するよりも，感情的に処理するほうが強く，すべての知覚を感情的に処理しようとしているからである。

　このため，幼児期・学童期は，「遊び」の中で直面するすべてのことが感情のフィルターを通過して，「好き・嫌い」にもとづいた活動となり，感情が大きく揺れやすい。そして，こうした時期だからこそ，揺れる感情について自覚させ，どのように対処したらよいかを言語的・非言語的に子どもに伝えながら，感情コントロール力を身につけることが重要な指導課題となる。

　このことは，幼少期の発達障害児や情緒障害児に対する教育でも同様である。そのため，発達障害児に対しても「遊び」の中で子どもの感情を揺さぶりながら，自己調整力を育てていく授業を展開することが必要であると考える。

第3章　感情コントロール力を身につけるのに重要な幼児期・学童期の遊び

2　発達障害児に対する遊びの指導の方法

(1) 表現・造形遊びを通して感情コントロール力を育てる

　それでは，発達障害児の感情コントロール力を育てることにつながる遊びの指導はどのように行う必要があるのだろうか。

　遊びとは，①自由で自発的な活動，②おもしろさ・楽しさを追求する活動，③その活動自体が目的である活動，④遊び手の積極的な関与がある活動（熱中し，没頭する活動），⑤他の日常性から分離され，隔絶された活動，⑥他の非遊び的な活動に対して，一定の系統的な関係を有する活動であると考えられている（高橋他，1996）。そして遊びは，社会における子どもの生活環境から生まれるということから，社会的なものであると考えられている。

　こうした考え方をふまえれば，遊びの指導においては，教師の統制をあまり強くするのではなく，自由で楽しく，活動自体が目的であり，没頭できるものを用意すべきであろう。

　たとえば，本書でも第7章にその一例を示した表現・造形遊びは，子どもがそこに用意されている物の形や大きさ，色，質感などに関心を持ち，こうした素材を通して感じたことを表現したり，制作したりする活動を考えることが必要である。また，子どもたちが自らの身の回りの世界に進んで働きかけ，いろいろと手がけながら，自分の思いを具体化できるような活動を用意する必要があるのではないかと考える。

　ただし，こうした活動を用意しても，発達障害児は，人に対してあまり意識を向けられなかったり，自由で，かつ社会的な遊びが苦手であることも多い。そのため，自分だけが気になるようなものを，自分だけの決まったやり方で，繰り返し操作して遊ぶ傾向があり，周りにいる人を

意識しながら，一緒に何かをするところまで活動が広がらない場合もある（自閉症児の「こだわり」行動がその典型である）。

　ダウン症児や知的障害児でも，自発的に遊び，活動自体に没頭しながら友達と一緒に楽しんで遊ぶということは，なかなか難しいことが多い。それは，知的障害があるために，新しいものに出会っても，その本質をつかむことが難しく，表面的に楽しむだけで終わってしまうことが多いからだと考える。

　さらに，こうした子どもたちは，親や教師が「危ないから」という理由で，さまざまな試行錯誤を止めてしまうことも多い。このような環境の中で遊んでも，結局のところ大人の言う通りの遊びになってしまい，友達と一緒に活動したり，遊びの中で同じ目標に向かって活動したりするなどということが少なくなってしまう。そして，これが要因となり，発達障害児は，自分で思ったことや感じたことを表現したり，遊びを発展させることが難しくなるのだと考える。

(2) 見ただけで「ふれてみたい」と思うような遊びに誘う

　そのため，発達障害児には，見ただけで「ふれてみたい」と思うような素材を用意し，それをさまざまに操作しながら，「遊んでいる」といった実感を持たせるように授業をつくる必要がある。前節で述べたように，幼児の発達段階は，水を見れば流したくなり，土を見れば掘ったり，山にしてみたくなる特性がある。そのため，子どもが気になる素材をうまく提示して，子どもなりの造形や表現を引き出すことで活動を社会的に広げていくことができると考える。

　もちろん，今まで出会ったことのない素材や活動をただ用意すれば，子どもの遊びが発展していくというわけではないだろう。子どもが手を出してみたくなるように物を配置したり，道具を用意するなど，授業設計も重要である。また，友達と一緒に作ってみたり，教師のやり方を見る時間を設けてみたりと，他者とともに活動（表現・造形）することを

第3章　感情コントロール力を身につけるのに重要な幼児期・学童期の遊び

遊び（造形・表現）の指導過程と子どもの成長

【指導過程】
①今まで出会ったことのない素材や活動を用意する

②手を出し，物を操作しようとする

③友達と一緒に活動することを楽しんだり，教師と共に造形や表現を楽しむ

④自分から遊びたいという気持ちが芽生える

【子どもの成長】　（認識面）物の操作の仕方や，言葉を覚える ―― （感情面）身体的・感覚的な満足感や充実感を十分に味わう

楽しみながら学ぶ場面を作るといった授業展開の工夫も必要である。

　こうした授業設計や授業展開の中で，子どもが身体的・感覚的に「楽しい」と実感するような遊びを提供することができたなら，子どもは次に自分から遊びたいという意思表示をするようになるだろう。こうした中で，子どもは物の操作の仕方や，言葉を覚えるといった認識面の成長のみならず，人に対する意識が変化したり，自信がついて自己肯定感が高まったりするなどの感情面の成長も見られるのではないかと考える。

　つまり，幼児期・学童期の「遊び」は，それによって得られる身体的・感覚的な充実感や心地よさが基盤となり，日常生活においてさまざまな困難に遭遇したときにも，感情を大きく混乱させることなく，その困難を乗り越え，頑張ろうとする気持ち（＝感情コントロール力）が育つのである。こうした成長は，学校卒業後の仕事などの社会生活をする上でとても重要なものであり，幼児期や児童期の「遊び」は，以上のような理由からキャリア形成にとって大切なものであると考えられる。

3 遊びから「ものづくり」への発展

(1) 小学校高学年以上の「ものづくり」の意義

　幼児期から小学校低学年にかけての子どもたちの遊びは，素材にたっぷり親しみ，他者との交流を楽しむという点を重視して実践することが多い。そのため，幼少期の「遊び」は，形として何かを作り上げるというような明確な目的やゴールがあるものより，「造形」や「表現」といった遊び方や終わり方に決まりのない自由な内容を取り上げるほうがよいと思われる。

　一方，小学校高学年や中学生くらいの子どもになると，素材に親しみ，友達と交流するだけでは満足できなくなる。それは，小学校高学年以上の子どもは，10年以上の生活経験があるので，その子どもなりに「自分もあんなふうにやってみたい」とか「あの活動に参加したい」という気持ちが芽生えているからである。もちろん，その気持ちを意識できるかどうかは知的能力によるが，（感覚的にでも）何となく社会的な活動に参加してみたいという「あこがれ」は誰にでもあると思われる。

　こうした理由から，小学校高学年以降の遊びはそれ以前の遊びに比べて，より生産的で，協働的な活動に発展させていくことが必要である。こうした活動を本書では，「ものづくり」として表記しているが，小学校低学年までの遊びで培ったものを基礎にして，高学年以降の子どもたちには，物や道具を操作することの楽しさや，他者と一緒に活動することで充実感を味わうように，活動を高次化していくことが重要であると考える。すなわち，「遊びからものづくりへ」と授業を発展させることで，自分の役割を果たしたり，仲間と協働して1つの物を作り上げていく楽しさを感じる授業を展開することが必要であると考える。

第3章 感情コントロール力を身につけるのに重要な幼児期・学童期の遊び

図1　共同　　　　　　　　　図2　協同・協働

(2)　「共同」から「協同・協働」的な活動へ

　「ものづくり」の実践を発展させていくには，授業を「共同」的な活動から，「協同・協働」的な活動へと変化させていくことが必要である。ここでいう，「共同」とは，主として「同じ場にいる」ということとして使い，「ものづくり」の実践でいえば「同じ場でそれぞれが違う活動をする」といったイメージである（図1参照）。幼児期初期の遊びは同じ場にみんなでいながらも，遊び自体は「ひとり遊び」にすぎないという段階があり，これは共同的な活動の例である。
　一方，「協同」は，他者と同じ目的に向かって活動することが必要になる（コーポレーション）。さらに，みんなで話し合い，みんなの創意工夫で創造的に「ものづくり」の活動を進めていくことになると，協働的な活動である（コラボレーション，図2参照）。
　子どもたちは，こうした他者との協働の度合いを高めていく過程で，「もの」や「人」への意識を広げ，自らの気持ちを調整しながら，社会的役割を果たすようになる。そのため，感情コントロール力を育てる授業づくりとキャリア教育では，共同から協同へ，そして最終的には協働

「認められること」から
「役割を果たす」ことへ

●「ほめられる」だけでなく ⇒ ●役割を果たす

（イラスト：「これ使えますか？」「できました」「ありがとう。とても助かるよ」「作るのうまくなったね」）

へと実践を発展させていくことが目標になる。

　発達障害児に対する教育実践では，中には「共同」で精いっぱいという場合もあるだろう。また，他者との関わりを深めるといっても，自分の意見をしっかり相手に伝え，相手の意見を聞きながら活動するなどということも，認識面の制約から難しいかもしれない。

　しかし，自分で作ったものを身近な人に見せたり，プレゼントしたりすることを「ものづくり」の学習活動の中に組み入れることはできるのではないか。また，そうしたやり取りの中で，人にほめられることや，喜ばれることの心地よさを味わい，相手を意識した社会的活動へと発展させていく授業を展開することはできるのではないだろうか。

　このように，自分で満足のいく遊びをするというだけでなく，人に認めてもらったり，人の役に立つ活動をたくさんすることが，「遊びからものづくりへ」と実践を発展させる鍵ではないかと考える。つまり，個人的に興味・関心のある活動を「社会的活動」に発展させていくことが，小学校高学年以上の子どもたちの感情コントロール力とキャリアを育てる授業づくりに必要な視点であると考える。

第3章　感情コントロール力を身につけるのに重要な幼児期・学童期の遊び

4 「活動の魅力」が子どもの主体的な活動を引き出す

(1) 「動機付け」ではなく「活動の魅力」を引き出す

　以上のような実践を展開するには，具体的にどのような点に注意して実践する必要があるだろうか。ここでは，特別支援学校小学部の授業を例に挙げながら考えてみたい。

　茨城大学教育学部附属特別支援学校の小学部でキャリア教育の実践を始めたころは，いろいろなものを子どもに提示しても，子どもたちの「つくりたい」という気持ちがわく状況をなかなか作り出せなかった。何とか子どもたちに作る楽しさを味わわせようと，教師から「こうしてみたら？」といった指示が多くなり，教師主体の活動になってしまうこともあった。

　その結果，子どもたちがいろいろな発想を出し合い，1つのものを作り上げるという理念は理解しながらも，結局のところ「流れ作業」や「パターン的な関わり」にとどまり，創造的に実践を発展させることができなかった（この実践の詳細は本書の第7章・第8章を参照）。

　こうした反省を受けて，小学部では「活動の魅力」をキーワードにして授業を改善しようと考えた。すなわち，授業が発展していかないときに，「子どもたちの興味をひく教材となっていたか」という点ではなく，「この活動に参加しようとするだけの『魅力』があるか」という点から実践を捉え直すことにした。

　たとえば，生活単元学習の時間にみんなでお茶を入れて，「ティータイム」を楽しむ授業をつくった。このとき，飲み物が出てくれば，活動に興味を持ってくれるかもしれないといった発想では，その後の授業設計や授業展開がとても貧弱なものになってしまうということもわかった。

「ティータイム」を楽しむ授業

　こうした発想は，興味のある物を利用して，子どもと学習活動を接着しようとする考え方であり，「動機付け」程度の効果しかない。そのため，はじめのうちは興味を持って活動に参加しても，そのうちすぐに飽きてしまい，活動が継続しなかったのだと考えられる。

(2) 活動の魅力と挑戦課題を用意する

　そうではなく，「ティータイム」という活動の魅力は何か？　という発想で授業づくりをしてみたらどうなるだろうか。

　「ティータイム」の楽しさは単に，お茶を飲むことだけではなく，お茶を飲む会場の雰囲気であったり，お茶を入れるお皿やティーカップを見て楽しんだりすることも含まれる。また，お茶を注ぐ人やちょっとした食べ物を配る人など，役割分担もいろいろと考えられる。

　もちろん，そうした活動を支える根底には「お茶を飲みたい」という欲求が当然あるだろうが，授業をつくるときに考えるべき「活動の魅力」とは，そうした生理的なものだけでなく，「みんなとお茶を楽しみたい」といった社会的なレベルで捉えていく必要があると考えた。

　こうした検討をふまえて，「自分たちのティータイム」という雰囲気

第3章　感情コントロール力を身につけるのに重要な幼児期・学童期の遊び

を生み出すために，「ものづくり」の過程で子どもたちの発想を取り入れるようにした。たとえば，ティータイムで使用するろうそくやコースターのデザインを子どもたちにある程度，任せて作らせた。また，ティータイムの準備に使用した道具（調理器具）を子どもの生活年齢に応じて用意し，あえてホットプレートやIH調理機器，ラミネーターなど，子どもたちの知的能力からすると少し難しいのではないかと思われるものにも積極的に挑戦させた。そうすることで，子どもたちの活動に対する魅力はとても高いものとなり，自信や誇りのようなものが生まれていくと考える（この実践の詳細は第8章参照）。

　もちろん，こうした取り組みをするときには，子どもの安全には十分な配慮が必要である。しかし，実際に使用している子どもの様子を見ていると，気を付けて使えば安全だということがわかれば，比較的スムーズに使いこなせるようになる子どもも多くいた。「危ないから」と言っていては，いつまでたっても「大人」のやり方の中に子どもを誘うだけの授業になってしまう。そうした授業では，「子どもの発想」を大切にすると言いながら，結局，自主的な活動にならないといった矛盾した指導となるということも実践から見えてきたことであった。

　このように，「活動の魅力」というものは，単に興味のあるものを子どもの目の前に置くというのではなく，子どもに魅力的な活動を提示した上で，少し挑戦して取り組む課題があるものである。すなわち，子どもたちは，他者と協働（試行錯誤）しながら，ちょっとした挑戦課題と向き合う中で「できる」ことを増やしていくのだと考える。

　こうした協働活動の中で，子どもは「頑張ってできた」という自信が出るとともに，自分を表現できる楽しみを味わい，充実感や自己肯定感を高めていく。筆者らは，子どもたちにとって魅力的な遊びやものづくりを通して得られるこうした自信や充実感が，感情コントロール力とキャリアの育成につながっていくのではないかと考えている。

コラム

理想と現実のギャップをどう受け止めるか？

　「私は〜です。」に当てはめて自分の性格を表現するとき，どんな言葉が思い浮かぶだろうか？　「明るい，優しい，用心深い……」など，十人十色の答えが考えられる。では，今思い浮かべた自分と現実の自分は，まったく同じ「自分」と言えるだろうか？

　人が抱いている「自分」の中には，希望として持つ自己（理想自己）と当然持つべきだと思う自己（義務自己）がある。そして，私たちは理想的な自分と現実の自分の間にギャップを感じたとき，不快感情を持つことがある。

　たとえば，なりたい自分（理想自己）と現実の自分との不一致を感じたときには，「なんで私はもっと優しい自分でいられなかったのだろう」などと悲しみや落胆の気持ちを感じる。一方，こうあるべきだという自分（義務自己）と現実の自分との不一致を感じたときは，「もっと慎重にできたはずなのに。これでは失敗してしまうかもしれない」などという心理状態から，心配や緊張などを感じる。

　このようなギャップは，必ずしも誰もが感じるわけではないが，理想や義務としての自分と現実の自分とを比べて，落ち込んだ経験のある人は少なくないだろう。こうした，「自分」に対してのギャップは，目標達成に向けて動き出すきっかけになるとも言われている。つまり現実の自分を客観的に見つめ，なりたい自分を思い描きながら具体的にどうすればいいかを考えることで，目標となる自分を設定できる機会となる。

　「自分」について考えることが難しい発達段階の子どもは，理想の自分と現実の自分を客観的に捉えられないことも多い。そのため，教師はギャップを埋めるための解決策を言葉で教えるのではなく，子ども自身がなりたい「自分」への一歩を踏み出すきっかけとなるような関わりを心がけたいものである。

（勝二あすか）

第4章
感情コントロール力を育てるキャリア教育

1 実感を伴った社会的活動の重要性

(1) 仕事に対する自信と誇りを持つAさんの作業

　それでは,「遊びからものづくりへ」移行する段階の子どもにはどのような教育実践を展開することが必要なのであろうか。ここでは,キャリア教育を通して青年期の社会的・情緒的な発達を促進していく方法について述べていくことにする。はじめに,ある自閉症児（Aさん：特別支援学校高等部）の事例を紹介しながら感情コントロール力を育てるキャリア教育の実践について考えてみたい。

　Aさんは自傷やパニックなど行動上の困難が大きく,学校生活の中で不適応を示す場面が多かった。特に,予定の変更がとても苦手で,登校時に周囲の様子がいつもとちょっと違うだけで車から降りられず,教室まで行くのに2時間もかかるときがあったほどだった。

　このほかにもAさんには,日常的にパニックや自傷行為が頻繁に見られ,学校ではほぼマンツーマンで対応していた。そのため,作業学習でも基本的に教師とほぼマンツーマンの状態にして,シュレッダーを使った紙の裁断を「仕事」（＝社会的活動）にした。

　Aさんは,バリバリと音を立て,紙がなくなっていくシュレッダーにはとても興味があった。そのため,最初のうちは,教師がやっている姿を後ろから見ているだけであったが,少し経つと教師の手を引き,「自分もやってみたい」というような意思表示をするようになった。そこで教師が5枚から10枚の紙を束ねてAさんに渡し,Aさんが裁断するという二人三脚の作業学習が始まった。

　そうした作業を何度かやっていると,Aさんは教師が紙を束ねる作業をのぞき込むようになった。教師はこうしたAさんの姿を見て,「紙が

第4章　感情コントロール力を育てるキャリア教育

①紙を入れる　　　②シュレッダー用　　③シュレッダー用の
　　　　　　　　　　の紙をまとめる　　　紙を集めてまわる

バリバリと音を立てて裁断されていくことへの興味だけでなく，紙をシュレッダーにかける仕事そのものに興味が広がっていったのではないか」と考え，Aさんに紙をまとめるところからやってもらうことにした。

　その後，Aさんは毎時間，紙を束ねては裁断し，一定量をこなすことができるようになった。そうなると，事務室や職員室から「ありがとう」と言われることが多くなり，Aさんも満足そうだった。

　そのような中で，Aさんが作業学習の開始時に怒り出す日があった。それは，「毎日，シュレッダーの紙をなくしているのに，どうして次の授業のときにまた山のように紙が積まれているのか」という気持ちからくる怒りではないかと考えられた。そこで，教師は職員室や事務室からシュレッダー用の紙をもらってくるところもAさんと一緒にやるようにした。すると，Aさんはシュレッダー業務の流れが何となくわかるようになり，仕事に対する意欲と自信がこれまで以上に強くなった。

(2)　「やりたい」と思う気持ちが実感を生む

　このように，「やりたい」と思うことをやり遂げることによって，子どもは身体的・感覚的に「できた！」と思うものである。キャリア形成の視点から考えると，そうした実感を持ちながら，他者とやりとりし，そして社会的な役割を果たしていくように活動を発展させることが大切であると考える。逆にいえば，他者（教師）から「あなたの役割はこれ

49

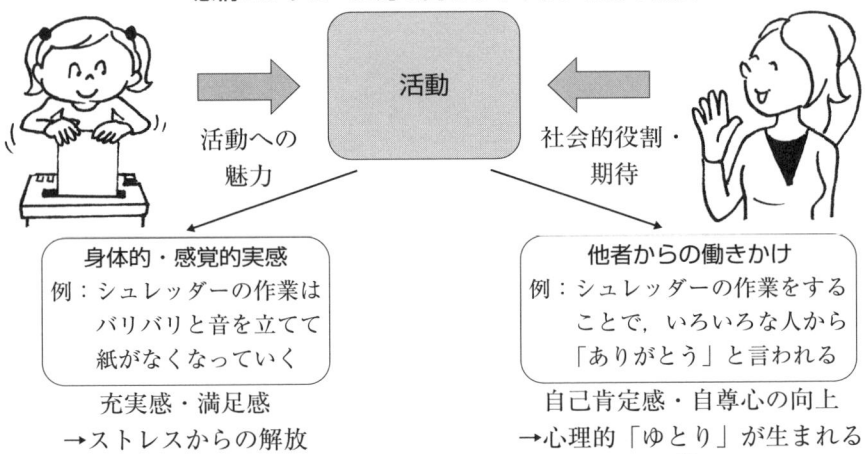

感情コントロール力を高めるキャリア教育の方法

```
                    ┌─────┐
        活動への →  │ 活動 │ ← 社会的役割・
          魅力      └─────┘      期待
                    ↙     ↘
┌──────────────────┐     ┌──────────────────┐
│ 身体的・感覚的実感 │     │ 他者からの働きかけ │
│ 例：シュレッダーの │     │ 例：シュレッダーの │
│ 作業はバリバリと音 │     │ 作業をすることで、 │
│ を立てて紙がなく  │     │ いろいろな人から  │
│ なっていく       │     │「ありがとう」と   │
│                  │     │ 言われる         │
└──────────────────┘     └──────────────────┘
  充実感・満足感             自己肯定感・自尊心の向上
  →ストレスからの解放       →心理的「ゆとり」が生まれる
        ↘         ┌──────────────┐         ↙
                  │ 肯定的な感情の蓄積 │
                  └──────────────┘
```

です」と与えられ，その仕事に対して興味を持てない中で仕方なく仕事をこなし，そのことを他者から「ほめられた」としても，何の実感もわかないのではないだろうか。それどころか，「言われたことをやらなければならない」という心理的ストレスがネガティブ感情を生起させ，主体的に活動しようとする気持ちを削いでしまうことになるかもしれない。

一方で，紹介した自閉症児のように，「自分でやりたい」という気持ちをベースにして，教師がその興味を多少アレンジして社会的な活動として編み直すことができれば，子どもの意欲はかなり高まる。そうした活動の中で得た実感は，子どもが多少の困難場面に直面しても自らその困難を乗り越えようとする原動力となるのではないだろうか。すなわち，少々，嫌なことがあっても，「やりたい」活動を目の前にすれば，ポジティブ感情へと切り替わり，大きく気持ちを崩すことなく，活動を継続することができるだろう。

こうした「実感を伴った社会的活動」を，青年期にかけて学校で継続的・組織的に展開することが，キャリア教育実践の基本であり，かつ，感情コントロール力を育てる教育方法であると考える。

第4章 感情コントロール力を育てるキャリア教育

2 困難場面を設定したプロジェクト学習を通して学ぶ

(1) 相手の意見を聞いて，折り合いをつけるプロジェクト学習

　感情コントロール力の育成とキャリア教育に共通する点を1つ挙げるとすれば，それは，「困難場面に直面しても，それに立ち向かおうとする力の育成」である。特に企業就労を目指す比較的軽度の障害児には，こうした実践を中学・高校のうちに積み重ね，人生の中で苦しいと感じる時期にも頑張れる足腰の強い子どもを育てることが求められる。

　筆者がこれまで研究授業等で関係した特別支援学校では，こうした実践を「プロジェクト学習」と呼び，発達障害児に対するキャリア教育を進めてきた。その実践の一端を紹介すると，次のような場面である。

　特別支援学校高等部の作業学習で自分たちが作ったお皿をバザーで売る際に，それをいくらで売るかを子どもたちに考えさせた。子どもたちは最初，「自分たちがいくらほしいか」ということを想像して，「500円にしよう」と提案し，いわば勝手に値段をつけようとした。そこで，教師は「同じような品物が家の近くのスーパーやお店ではいくらくらいで売っているのか」を調べてくるように子どもたちに課題を出した。その結果，子どもたちは，地域の雑貨屋さんでは同じくらいの大きさのお皿を200円で売っていることを知った。

　こうした市場調査の結果，「500円では高い」ということを実感し，「200円にしよう」という意見が子どもたちから出された。しかし，この話し合いに参加していた1人がどうしても「200円では安い」と言い張り，再び子どもたちで議論が始まった。

　200円では安いと主張した子どもの言い分は，「これは手作りなのだから，手間がかかっている」ということであった。これに対して，「買

う人は安いほうを買うから，200円より高いと売れなくなってしまうのではないか」と主張し，あくまでも200円で売ることを主張した。この議論は最終的には双方が折れて結局，250円で売ることになったのだが，その議論の過程で子どもたちは自分の気持ちを主張しながら，相手の意見を聞いて，折り合いをつけた。こうした点で，子どもは自分の感情をコントロールしながら，社会的活動を進めたと言える。

こうした実践を展開するコツは，教師が前面に出るのではなく，子どものペースで議論を進めさせることである。もちろん，このとき，教師はただ見ているだけではなく，さりげなく手をさしのべることが重要である。すなわち，このまま放置していたら結論がでないときや，社会的に問題になるような内容に決着してしまうときにだけ，解決の糸口を示すヒントを子どもに提示することが教師の役割となる。

(2) 中・重度の知的障害児に対するプロジェクト学習の方法

こうしたプロジェクト学習は，中・重度の知的障害児には難しいかもしれない。しかし，プロジェクト（活動）の範囲を狭め，教室の中で他者や課題を意識しながら自分たちで考え，制作する作業であれば，中・重度の知的障害児にも「プロジェクト学習」は可能であると考える。

たとえば，窯業班に所属していたある生徒Bの例を挙げると，この生徒に任されていた仕事は，粘土がある一定の長さになって出てきたら，それを切り，机の上に置く，といったものであった。子どもが切った粘土は教師が必要な子ども（生徒C）のところへ運んでいた（次ページ：分担作業）。この生徒は，こうしたスキルは比較的早く身につけることができたので，作業学習では困ることなく，ある意味で自信をつけていた。

しかし，教師はこの生徒にもう少し難しい課題を与えてもよいのではないかと考え，Bさんに「Cさんの作業が滞らないように，切った粘土を届けてね」と要求した。このとき，Bさんのやる気（活動の魅力）が高まるように，「あなたが工場長です。みんなを引っ張るように頑張っ

第4章 感情コントロール力を育てるキャリア教育

分担作業から協働作業へ

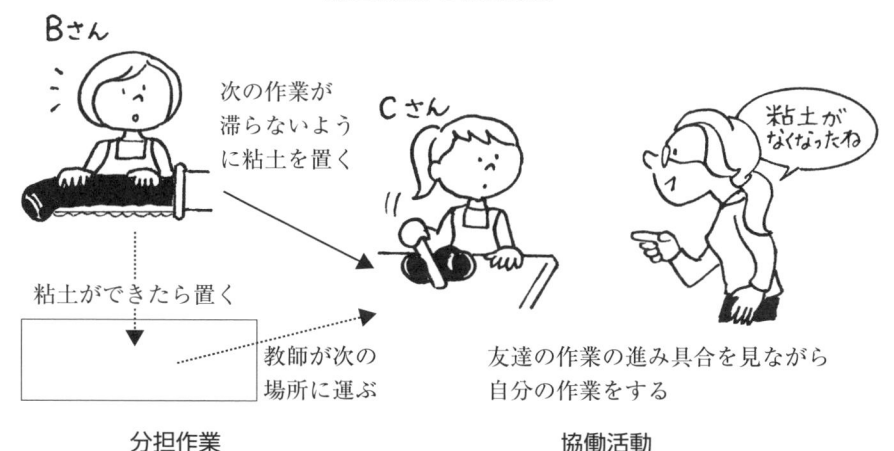

[図：Bさん「次の作業が滞らないように粘土を置く」／粘土ができたら置く／教師が次の場所に運ぶ　＝分担作業]

[図：Cさん「友達の作業の進み具合を見ながら自分の作業をする」／「粘土がなくなったね」＝協働活動]

てね」と役職も与えた。Bさんは，与えられた課題の大きさに押しつぶされてしまいそうなほどプレッシャーを感じていたのだが，「私は工場長だから……」という意識の中で，頑張ってCさんの作業の進み具合を見ながら，粘土切りの作業を行った（上図：協働活動）。

このとき教師は，頑張っているBさんを励ましつつ，また，Bさんの失敗を許容しながら，自分の判断で役割を遂行させようとした。そうしなければ，Bさんは結局，教師の指示を待つだけになってしまい，そうした中で作業が「できた」としても，「実感を伴った社会的活動」とはならないと考えたからであった。

もちろん，Cさんの学習（粘土を平らにする作業）が滞ることは避けなければならない。そこで，教師はCさんの作業が終わり，粘土が足りなくなりそうになると，「粘土がなくなったね〜」などとBさんに聞こえるように発言し，間接的に伝えるようにして，Bさんに「気づき」を促すような働きかけ（指導）を行った。

以上のように，分担作業になりがちな学習活動を，あえて協働活動に発展させることで，中・重度の障害児に対しても，一種のプロジェクト学習が可能になるのではないかと考える。

3 教師の「見えない指導性」を発揮する

(1) 授業づくりに必要な教師の枠組み＝「見えない指導性」

　以上のようなプロジェクト学習を展開するには，教師の指導性を十分に検討しなければならない。すなわち，教師は子どもに直接的に指導するのではないが，かといって，すべてを子どもに委ねるのでもない。あたかも子どもが自分でできるようになったと思わせるように授業を展開しながらも，教師が手綱をひいて子どもを導いているというような，「見えない指導性」を発揮しなければならない。

　それでは，教師の「見えない指導性」とはどのようなものなのだろうか。教師は授業を設計するときに，意識的であれ，無意識的であれ，ある枠組みを考え，その中で子どもに活動させようとする。たとえば，実際に体験することが大切であるからと考え，本物のお金を持って近くのスーパーに買い物学習に出かけるときでも，「子どもにいくら持たせるのか」や「買ってよいものと買ってはいけないものをどうするか」など，さまざまな枠組みを作り，授業を展開する。

　国語や算数のような教科指導の時間であれば，未修得の言葉や文法が極力少ないお話教材を探すだろうし，数を数えさせる場面でも，「おはじきを使おうか，それとも具体物を数えさせようか」など，さまざまに工夫をすることだろう。

　このように，授業の中で教師はルールを作ったり，学習しやすいように工夫したりするが，これはいわば教師の意図＝「指導性」ということになる。こうした指導性を意識的に変化させて授業を展開すれば，子どもの学びや主体性を高めることができると考える。

　そして，教師はその枠組みの中で，子どもへの関わり方について考え

第4章　感情コントロール力を育てるキャリア教育

> ぼくにも買い物ができるぞ……

> 楽しい！

> これ以上複雑にするとわからなくなるから，品物はすべて100円にしよう。

る。すなわち，「教師は子どもにどこまで関わり，どこまで自由に活動させるか」を考えることが重要である。前節で紹介した工場長をしていたBさんへの指導のように，教師は直接話しかけず，別の子どもに話しかけるようにして，Bさんに気づきを促すような発言をするといった間接的な働きかけなどが工夫の1つであると考える。

(2) 「距離感」を調整する指揮者となる

筆者はこうした教師と子どもの「距離感」の調整がプロジェクト学習では重要であり，教師の「見えない指導性」であると考えている。

もちろん，子どもとどのくらいの「距離感」を保って関わるかということについては，個別に異なる。本人にどうしてできないのかを理解させるために，失敗しそうになってもそのままにしておくほうがよいこともあれば，あまり時間をあけずに教師が説明するほうがよいこともある。

つまり，子どもの感情コントロール力を育てる実践を展開するには，教師は子どもが自由に活動するための「枠組み」を作ることと，子どもに考えさせる余地を与えるための「距離感」の調整を意図的に行う必要がある。これは，教師が子どもと同じ目線に立って関わりながらも，その一方で，子どもと自分との距離感を常に見つめ，適度な関わりとなっ

教師は全体を見渡す指揮者

（図：「あれがしたいなあ」「新しい活動を提示してみよう」「行動の順序を考えさせてみよう」「じゃあどんな順番でやる？」「この道具を使ってみる？」「いやです！」）

ているかどうかをモニターする必要があるということである。

　たとえば，教師が子どもに課題を与えたとき，子どもは別のことをしたいから，「いやです」と言って取り組もうとしなかったとする。このような場面では，教師は行動の順序を考えさせるために「どんな順番でやる？」と話しかけ，子どもが主体的に活動するかどうかを待ってみることもあるだろう。しかし，この方法では子どもが活動にのってこないと感じたら，「この道具を使ってみる？」など，直接的な関わりに切り替えることも必要である（上図参照）。

　このように教師は，子どもの内面を想像しながら働きかけることが必要である。すなわち，子どもの気持ちを捉えながら，最終的には子どもに判断を委ねる一方で，その背後で教師は子どもとの距離が適切かどうかをチェックし，自身の教授行動を変化させることが求められている。

　この意味において，教師は，唯一絶対の正解を探しながら実践する存在ではなく，全体を見ながら子どもの活動と大人の関わり方を調整する指揮者のような存在であるといえる。

4 しなやかな教師が子どもの感情を育てる

このように，教師は状況に応じて対応を変化させることが求められ，教育実践に「しなやかさ」が求められる。ただし，教師に対して「しなやかにふるまってください」と言うだけでは，教授行動の質は高まらない。そこで，本節では子どもの感情コントロール力を高める教師の「しなやかさ」とはどのようなものであるのかについて，以下のようにまとめた。

(1) 子どもがやってみたいと思う枠組みを作る

まず，子どもが学習（作業）を「やりたい」と思うような状況づくりや環境設定ができているかを考える（枠組みの設定）。そして，与えられた学習活動に対して，子どもが極度に不安に思うものでもなく，考えずにやれてしまうものでもなく，適度に頑張ってみようと思えるような教材・課題が用意されているかを考えることが重要である。

(2) 試行錯誤を保障する

こうした枠組みを作った上で，子どもが試行錯誤できる雰囲気となっているかが重要である。具体的には，「失敗してもよいから考える」ことを大切にする教員集団あるいは学校・学級の指導構造となっているかが大切である。最終的には子どもが「できた」と感じるように活動を進めるべきであるが，自由に考え行動できるように，子どもに任せるところと教師が支援するところを調整することが鍵となる。

(3) ヒントや課題解決の道筋を複数用意しておく

ただし，子どもが試行錯誤しているときに，いっこうに課題解決の見

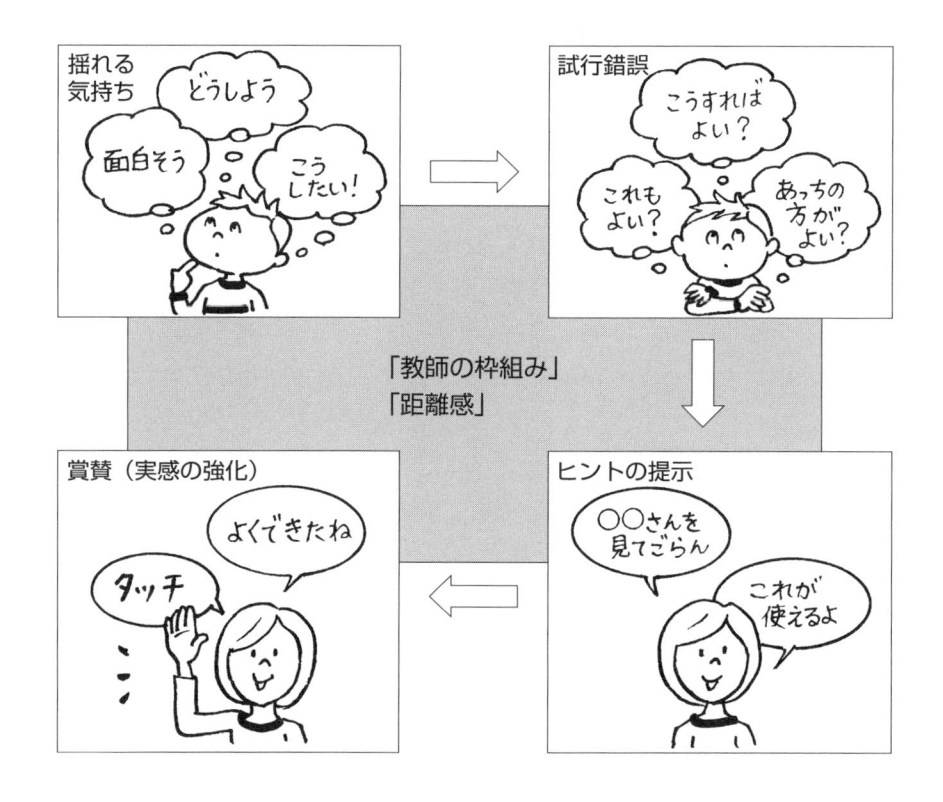

[図：揺れる気持ち（どうしよう／面白そう／こうしたい！）→ 試行錯誤（こうすればよい？／これもよい？／あっちの方がよい？）→ ヒントの提示（○○さんを見てごらん／これが使えるよ）→ 賞賛（実感の強化）（よくできたね／タッチ）／中央に「教師の枠組み」「距離感」]

通しを立てられないでいるときには，必要に応じてヒントや課題解決の道筋を示すことが必要である。このとき，教師はヒントや道筋を複数用意しておき，子どもの課題解決の状況に応じて選択できるようにすると効果的な指導となることが多い。

(4) 「できた！」という実感を強化する教師の働きかけ

　子どもが実感を伴って課題を解決したとき，教師はタイミングよく「できたね」と声をかけることが重要である。このとき，言語で賞賛するだけでは教師の意図がわかりにくい子どもには，ハイタッチをしたり，指や腕で大きく○の形を作って子どもに見せたりするなど，「できた！」という実感が持てるようしっかりと伝えることが重要である。

(5) 指導を「流れ」で捉え，教授行動を選択する

　以上のように，教師がしなやかに子どもに関わるためには，授業を「流れ」で捉えることが重要である。このとき，教師が教授行動のレパートリーを複数用意しておき，「流れ」にあわせて適切と思われる教授行動をそのつど，選択できるようにすることが教師の「しなやかさ」である。

　こうした教育実践を展開すると，子どもは感情を揺らしながらも，他者からの働きかけや活動の魅力に支えられて，自らの感情を自己調整し，社会的活動を継続しようとするだろう。いつもならば，少し難しい計算問題を見たとたん，「計算は嫌」→「わからないよ」とネガティブ感情の連鎖が生じ，挙句の果てには「こんな部屋にはいたくない」と学びから逃走している子どもであっても，魅力的な活動が用意されているならば，活動に参加する場面が増えてくるだろう。

　もちろん，教師が子どもに働きかける方法は一通りではない。「一緒に考えてみよう」と子どもを誘うときもあれば，「先生も一緒にやるよ」と同じやり方をしてわざと一緒に間違えてみるなどということも，ときには必要であるかもしない。さらには，子どもにちょっかいを出して，興味をひきつつ，気持ちを揺さぶることがあってもよい。

　このように，教師は子どもに学習の仕方を解説する指導者となるのではなく，時には役者になり，時には相談相手のようになって，子どもの学習を調整することが重要となる。つまり，教師は授業中に，状況に応じて2役も3役もこなしながら，さりげなく子どもの活動をリードしていくことが求められる。

　本章では，こうした教師の意図的な関わりを「見えない指導性」と呼び，教師は指揮者のように，子どもの活動が豊かな学びとなるように授業でタクト（指揮棒）を振る役割を担っていると指摘してきた。それでは，教師が見えない指導性を発揮するにはどのような教授技術を用いて授業づくりをする必要があるのだろうか。次章で詳しく見ていきたい。

コラム
「この人のために何かをしよう」と思える働きかけ

　私たちは、「恥ずかしいな」「悪いことしちゃった」といった気持ちになるとき、他者から自分がどのように見られているのかを想像している。これは自分と他者の違いや、社会的なルールなど、他者の目から見える自分を意識することであるともいえる。このような他者の気持ちになって、相手とよりよい関係を築こうとしたり、手助けしようとしたりする気持ちを「他者志向的共感」という。

　たとえば、「恥」と「罪悪感」の違いについて考えてみよう。「恥」は自分自身に焦点が向けられる。そのため、「こんなことをして自分は恥ずかしい、だめな人間だ」となりやすい。一方、「罪悪感」は他者に対して悪いと思う気持ちである。そのため、反社会的行動を抑え、「相手を傷つけてしまうからやめよう」という思いやりに変わる。また、罪悪感を持った相手とより親密になろうとし、「この人のために手伝ってあげようかな」という援助行動を起こしやすい。

　子どもへの対応で考えると、何か悪いことをしたときに「恥」を感じさせるのではなく、ふさわしくない行為自体に意識を向けさせ、前向きに「相手のためにどうすればよかったのか」を一緒に考えることが効果的だろう。その際に「自分はダメなんだ」というネガティブな感情にならないように注意したい。そして、相手ともっと仲良くなるためにはどうすればいいのかという気持ちにさせることが大切であると考える。

　つまり、子どもが何か悪いことをしたときに、「相手の気持ちになって考えなさい」と言うだけでなく、自分の気持ちと相手を意識して、相手とよりよい関係を築こうとする気持ちにさせることが必要なのである。ふさわしくない行動を抑制することも大切なことであるが、それだけにとどまらず、より相手のための援助行為を生み出すように働きかけることが必要なのではないかと考える。

（枝野裕子）

第5章
感情コントロール力とキャリアを育てる授業づくりの方法

1 人やものとつながる活動の魅力

(1) 活動の魅力は個人的なものから始まる

　第4章までに，感情コントロール力を育てるためには，「実感を伴った社会的活動」を組織し，その中で教師や友達と「豊かなやりとり」をすることが重要であると述べてきた。そこで，第5章では，そうした実践を展開するために，どのような授業づくりの方法（教授技術）が必要であるのかについて述べてみたい。

　発達障害児の授業では，知的障害の程度が重度になればなるほど，言語的なやりとりを通して学ぶことや，社会的な期待に応えるために頑張るといった活動を展開することが難しくなる。そのため，重度障害児は子どもだけで企画し運営するといった，いわゆる「プロジェクト学習」を展開することは難しくなる。

　しかし，だからといって重度障害児は考えたり，他者（教師や友達）とやりとりしながら活動するということができないというわけではない。そうした子どもたちが人やものと「つながり」ながら，その子たちなりの「豊かなやりとり」を通して学ぶことを可能にする授業をつくることはできるのではないかと考える。

　そうした授業は次のような教授技術を駆使することで可能となる。まず，子どもが主体的に活動するためには，活動に魅力がなければならない。そのため，教師はこの活動の中に「子どもにとってどんな魅力があるのか」を考えることが必要である。たとえば，牛乳パックを使って紙すきをし，最終的にはがきを作る授業では，ミキサーを使って牛乳パックを水に混ぜて溶かす活動が用意されるだろう。このとき，ミキサーをいつ止めればよいかわかるように，タイマーを使うこともある。

紙すきの活動自体に興味が持てなくても，自閉症の子どもの中には，ミキサーがぐるぐる回っている様子を見るのがとても楽しいと感じたり，タイマーが0に近づいていくことに興味を持つ子どもがいる。こうした魅力的な活動を目の前にすれば，多くの子どもはその活動をやってみようと手を出す（＝参加する）ようになる。

　このとき，活動の魅力はきわめて「個人的なものである」ということを押さえておくことが必要である。教育学の理論の中にも，「教育において統制可能な唯一のものは活動である」という考え方があるように，欲求を他者が統制することは難しい。こうしたことからも，子どもに主体的に活動させたいと思ったら，教師は活動の中にある魅力を子どもにどのように提示するかという点に力を注ぐことが求められる。

(2) 個人的な魅力を社会的に発展させる授業設計

　しかし，「個人的な魅力」を発展させることなく，そのまま活動させているだけでは，たとえ子どもが主体的に（楽しそうに）活動していたとしても，それで教育の目的を果たしたとは言い難い。活動のきっかけは，個人的な活動の魅力であっても，その活動をより社会的なものへと発展させるように教師は授業を設計していかなければならない。

　たとえば，タイマーとミキサーに魅力を感じて作業していた子どもが，慣れてきた頃に，隣で「紙すき」の活動をしている友達の活動をチラチ

ラと見たとする。こうした姿は,「水」に興味を持っただけとも捉えられるが,その一方で,はがきづくりの作業に広く参加しようとする意識が芽生えてきたとも考えられ,より社会的活動に近づいたと考えられる。

また,楽しい雰囲気で活動していると,そこにいる他者(教師や友達)にも興味を持つ子どもはいる。もちろん,はじめから友達と話し合って新しいはがきのデザインを提案するといった参加は難しいかもしれない。しかし,自分で乾かしたはがきを友達に届け,友達から「ありがとう」と言われる経験を重ねていくうちに,人と「やりとり」をする心地よさを実感することはあるだろう。

このように,個人的な魅力としてスタートした活動が,別の作業・活動に少しずつ変化し,徐々に社会的に高まっていく。こうした活動の魅力の高まりを「動機の階層性」と呼ぶとしたら,教師には子どもの動機が高まっていくような授業を設計することが求められる。

2 試行錯誤できる状況をつくる

(1) 子どもが考え，迷い，試行錯誤する状況づくり

　それでは，子どもの動機が社会的に高まっていくように授業を設計するにはどうしたらよいだろうか。ここで，考えてみたいことが「状況づくり」である。

　「授業の中で状況をつくる」というと，まずは教室環境の整備を考える教師が多いだろう。自閉症児の不安を小さくするために，授業の流れをカードにして黒板に掲示しておくといった配慮をしている授業を多く見かけるが，こうした支援も「状況づくり」に含まれる。

　しかし，ここでは，授業において教師が行わなければならない「状況づくり」とは，もっと広い意味のものとして考えたい。すなわち，単に子どもが授業に参加するにあたってバリアとなる困難を，障害特性に応じて取り除く配慮や支援を提供するというだけでなく，子どもがその状況の中で「考え」「迷い」「試し」ながら，自分なりに解決方法を導き出せるような状況を授業の中に用意するという意味で，「状況づくり」という表現を使いたいと考える。

　たとえば，前節のはがきづくりの活動を例にすると，ミキサーとタイマーに興味を持っている子どもが，同じ教室で紙すきをしている子どもの活動に興味を持つようになる場面を考えてみよう。このとき，ミキサーの作業をしている子どもが見えない位置で紙すきをしていたら，その友達がどんなに楽しそうに作業をしていたとしても，その姿を見て紙すきに興味を持つ機会は少なくなるだろう（64ページの図参照）。

　その一方で，流しの隣に机を配置し，そこでミキサーの作業をしたとしたら，この子どもは横目で友達の行っている作業を見やすくなるので

はないだろうか（上図参照）。また，自分で乾かしたはがきを別の机で色を染めている子どもに持って行ったとき，さりげなくその子どもが興味を持つような道具を置いておくなどすると，紙の色を染める活動にも興味を持ち始めるかもしれない。

　このように，状況（子どもや道具の配置）を少し変えるだけで友達の活動を意識させることができる。このとき，こうした机の配置や机の上に置いてある物（道具）を調整することは，教室環境の整備であるとも言える。しかし，これは単に子どもがスムーズに学習することができるように「置く」という以上の意味を持つものであり，「状況の中で学ぶ」ことを促進するための教師の授業設計や指導性と位置づけることができるのではないかと考える。

(2) 子どもの魅力と社会的価値をつなぐ状況づくり

　こうした状況づくりこそが子どもの個人的な魅力を社会的に広げていく教授技術の1つである。そのため，教師は子どもに活動させる際に，その子ども個人がどのようなものに魅力を感じるのかを考えるとともに，

第5章　感情コントロール力とキャリアを育てる授業づくりの方法

その活動の持つ社会的側面に注目し，両者をつなぐ工夫をしなければならない。

たとえば，たまたま隣でやっていた子どもの「紙すき」に興味が出た子どものことを考えてみよう。あたかも子どもが自発的に紙すきに興味を持ったように見ても，本当は，教師が意図的に隣の友達の紙すきを見ることを促すような状況づくりを行っていたということが考えられる。

このとき，教師が意図的に紙すきの道具を1つしか用意しなかったら，2人の子どもが順番で紙すきをやることになり，片方の子どもが終わるのを待たなければならない。子どもはこうした状況の中で，はやく（水を使った）紙すきをしたいという気持ちを抑えて，「順番を待つ」という社会的な行動をとることができるようになっていく（感情コントロール）。

このように，「個人的な魅力」と「社会的活動（役割）」は交互に影響し合いながら，らせん的に高まっていくものである。そのため，教師は，子どもの欲求（興味・関心）ばかりに気を取られていてもいけないし，その逆に社会的活動を無理にさせようとしてもいけない。

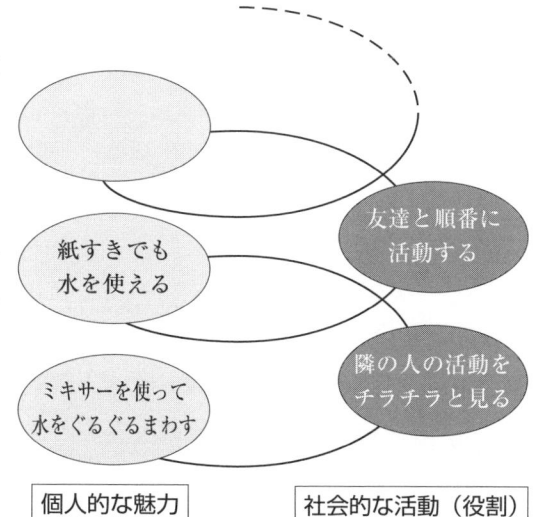

そうではなく，教師に求められることは，子どもが感じている活動の魅力と社会的に価値のある活動とを「つなぐ」ことであり，そのための「状況づくり」が，教師の（見えない）指導性であると考える。

3　人とものをつなぐ「道具」の役割

(1)　子どもは「状況」の中で道具を介して「対話」している

　子どもが感じている魅力と社会的に価値のある活動とを「つなぐ」方法について、もう少し詳しく述べてみたい。ここでは特に、状況づくりの中で重要な役割を果たす「道具」について考えてみたい。

　子どもが友達に作った物を届けたり、その逆に友達のやっている活動に興味を持ったりするといった「社会的活動」に参加できるようになるためには、教師の声かけだけが重要なのではなく、「道具」が重要な役割を果たしている。

　たとえば、園芸の時間に花や野菜の種を植えるといった活動をしたときのことを考えてみよう。スコップを手にした子どもは、教師が言葉で指示をしなくても、土を掘ろうとすることが多くある。また、掘った土を一輪車に乗せて動かそうとする子どもが、少し先に盛られている土の山を見たら、そこまで運ぼうという気持ちになる。

　もちろん、このような行動を子どもが自然とするためには、土いじりや一輪車を動かしてみたいという「活動の魅力」があるということが前提である。つまり、人は他者からの言葉による指示がなくても、ものを操作し、対象や状況を変化させようとすることがある。

　これは、スコップや一輪車という「道具」が一種の「記号（ことば）」となって、子どもが「状況」の中で対話をしているからだと考えられる。少しファンタジックに例えて説明するならば、小さなスコップで土を掘ったときに、「君は少しの土しか掘れないんだね」と子どもはスコップに話しかけ、その状況を打開しようとして、大きなスコップに持ち替える。そして、大きなスコップで掘ったときには、子どもは「やっぱり君

第5章　感情コントロール力とキャリアを育てる授業づくりの方法

関係性の発達に重要な「道具」

園芸の時間に穴を掘る活動では……

やっぱり君のほうがたくさん掘れるね

スコップを通した「対話」

おっとと

君はちゃんと持っていないと転んでしまうんだね

A地点

一輪車で土を運ぶ際の「対話」

B地点

土がたまるという実感と達成感

道具が記号（コミュニケーション）の役割を持つ

のほうがたくさん掘れるね」と語りかけている。

　また，一輪車で土を山まで運ぶ作業では，子どもなりに工夫してA地点からB地点へ運ぼうとしているのに，何度も一輪車を倒してしまっていたとする。このとき，子どもの内面で「おっとと，君はちゃんと持っていないと転んでしまうんだね」といった言葉を一輪車に投げかけながら，操作の仕方をさらに工夫しようとする。

　もちろん，こうした物との「対話」は，常に言語で行われるものではなく，物を扱うときに何となくそんな気持ちになっているのではないかというものである。しかし，子どもが魅力的な活動に参加しているときには，道具が記号（ことばのような思考のツール）の役割を果たし，子どもの内面では「豊かなやりとり」が展開されていると考えられる。

(2)　道具を介した対話が内省力を育てる

　道具を介して対話をするということは，感情コントロール力の育成という視点から考えると，内省力に通じるものである。そのため，こうした対話が豊かにできない人は，自分が想像したことと違う状況・場面に遭遇すると，不安になり，感情が混乱し，最後まで行動することができ

友達はうまく
運べる

フラフラして
うまく運べない

腕をもう少し
高く上げて
持ってみたら？

　なくなる。逆に言うと，子どもを魅力的な活動に参加させながら，困難場面に直面させ，道具を介して対話する中で自分なりの解決策を見いだしていくことが感情コントロール力を育てることにつながるのである。
　たとえば，一輪車で土をうまく運べないのでイライラしている子どもに対して，教師が「腕をもう少し高く上げて持ってみたら？」と具体的にアドバイスをしたとする。たとえ，子どもが教師の言葉を完全に理解できなくても，身振りなどから「先生は『腕』と言っている」ということを意識できれば，子どもはちょうどよい腕の動きを探すだろう。
　そして，「君はこのくらい腕を上げて握るとちゃんと進んでくれるんだね」と一輪車と対話しながら，再び一輪車を操作し始める。そして，ちょうどよい具合で腕の力の入れ方や位置を調整することができるようになったとき，子どもはこの活動を「できた！」と実感する。
　このように，状況の中で道具を介して対話する力を育てていくことが「内省力」の発達につながり，こうした教育実践を展開することが，子どもの感情コントロール力とキャリアにつながる教育であると考える。

第5章　感情コントロール力とキャリアを育てる授業づくりの方法

4 集団の中で「考える子ども」を育てる

(1) 多様な意見が混ざり合った集団の中で学ぶ

　こうした実践を行うときに強調したいことは，困難場面に直面しても自分なりに解決していく対話力（内省力）を身につけるためには，集団がとても重要であるということである。もちろん，子どもに個別的に課題を与えて，学習させる場面であったとしても，教師がうまく授業を設計すれば，動機が高まる状況づくりや道具を介した対話を引き出すことはできるだろう。しかし，その対話を発展させることは，教師と子どもの1対1の指導では難しくなる。

　それは，個別的指導では，いつでも「モノローグ（独り言）」となってしまい，思考がいわゆる「堂々めぐり」の状態に陥ってしまうからである。逆に言えば，魅力的な活動に取り組む中で，子どもが困難に直面したとき，自分でいろいろと試しながら解決策を模索しても，どうしても解決できない場合には，他者のやり方を見てまねるなど，集団の力を利用することが有効である。

　個別指導の場面であったとしても，教師が指導者としての役割のほかに「他者」として存在することができるのであれば，集団の中で学ぶのと同じ効果を生み出すことは理論的には可能であるかもしれない。第4章で解説した「指揮者としての教師」のように，授業の中で子どもが「ちょうどよい」案配で揺れながら，考えることができるように，教師が1人で2役・3役をこなすことができれば，個別指導の弱点も一定程度，補うことができるかもしれない。

　しかし，こうした役割を教師ひとりで演じるのは容易なことではない。なぜなら，1対1の指導場面で，教師は「こうしなさい」「よくできま

71

した」といった指示的・指導的なふるまいをする一方で，子どもと一緒に活動しながら，わざと失敗してみせたり，子どもの答えに大きなリアクションをしてみたりしなければならないからである。こうした役割を1対1の指導場面で教師が2役・3役と演じるくらいなら，同じような指導課題を持った少人数の集団の中で学んだほうが，子どもは自然といろいろなことを学べるのではないだろうか。

　もちろん，集団があればよいというのではない。他者とやり取りしたり，他者のやり方を見て真似たりするような学習場面を創出できるように授業を展開しなければならない。そのためには，集団の質についても問われなければならないし，集団の中で教師はどのように位置づき，どのように集団全体を高めていくかを常に考えなければならないだろう。

(2) 紆余曲折しながらも集団の中でみんなで解決する

　このとき，集団が高まっていく授業を展開するために，教師はやはりさまざまな教授技術を駆使することが必要になる。

　その教授技術の一例として，集団全体が高まる「問い」が挙げられる。たとえば，紙すきで子どもがうまくミキサーを扱えなかったとき，子どもが「どうしよう。うまくいかないや……」と思ったとする。このとき，その解決方法を教師が「こうしてやるのよ」と教えてしまうのではなく，それをみんなの問題として捉え，「○○さんが困っているんだけど，みんな，どうすればよいかな？」とか「誰か助けに入ってあげられないかな？」というように，広く集団に問いかけることができないだろうか。

　すなわち，誰かの間違いや失敗も，恥ずかしいことではなく，みんなが成長するために「問題を共有する」という発想で，みんなで考え，協力して事態を収拾するように授業を方向付けるのである。授業づくりにおいては，こうした紆余曲折を許容しながらみんなで授業を発展させるという発想が大切であると考える。ときには教師も子どもたちの姿から新しいことを発見し，教師自身が高まり，変化することが必要である。

第5章　感情コントロール力とキャリアを育てる授業づくりの方法

　もちろん，発達障害児は目の前に直面した課題に対して，みんなで話し合い，その解決方法を言語的に整理して，考えるということは苦手な子どもが多いかもしれない。特に教師の言語的な「問い」に対して十分に答えられない子どもも多いことだろう。

　しかし，魅力的な活動の中で直面した課題を解決するために，みんなで活動し，そうした活動の中で得られた身体的・感覚的な満足感や充実感と，そこで思考したことが結びつくと，本当の意味で「わかった！」「できた！」と思えるのではないだろうか。

　こうした，紆余曲折しながら集団の中でみんなで考え，問題を解決していくことを「ダイアローグ（対話）」と呼ぶのなら，感情コントロール力とキャリアを育てる教育実践は，モノローグではなく，ダイアローグを中心とした実践を展開しなければならないと考える。

73

コラム

悩み相談は感情開示の1つ

　「仕事がうまくいかない」「友人関係がうまくいかない」など，ストレスを感じたとき，その悩みを他者に相談したことは誰もが一度はあるだろう。このように，自分の感情やそれに関する出来事を他者に語る（開示する）ことを，「感情の開示」という。

　この「感情の開示」は，他者にその出来事やそれに関するネガティブな感情を開示することで「すっきりする」「ストレス解消になる」ものである。その一方で，嫌なことなどがあったときに，それをなかなか他者に開示することができないと，精神的な緊張や不安が溜まり，その経験が「トラウマ」となってしまうこともある。

　そのため，精神的な健康を保つためには，日常生活の中でも適度に感情を開示することが必要である。子どもの場合には，子どもとの普段の些細な会話にも共感的に耳を傾けることや，話しやすい雰囲気づくりに気をつかうなど，「聞く姿勢」がまず大切である。その上で，「考えがまとまらずに開示できない」場合など，どのように感情を開示してよいかわからない子どもに対して，「何が」「なぜ」など，自分の感情や話したい状況を整理して聞くなどの配慮も必要である。

　しかし一方で，感情の開示にはネガティブな側面があることも理解しておかなければならない。他人の悪口や自虐的な内容の開示といった，否定的，外傷的で他人を困惑させるような内容を他者に開示すると，他者から拒絶されたり，排斥されたりすることが多くなると言われている。

　ただし，拒絶や排斥を懸念して，感情を開示することができないと，今度はストレスを溜めてしまい精神的な健康が保てない。こうした矛盾した状況を打開する方法の1つとして，日記やブログなどをはじめとした「筆記による感情の開示」も有効な手段であると考えられている。　　　（菊地昭裕）

第6章
教授モデルを通して教師の働きかけの質を高める

1 「流れ」をつくり活動を発展させる

(1) 授業に「流れ」をつくるための工夫

　第5章では，子どもが試行錯誤し，自ら課題を解決する子どもに育てるには，「活動の魅力」を基盤にして，道具を介して対話することや集団の中で他者と関わることが重要であると指摘した。それでは，こうした発展的な授業を展開するために，どのような点に留意することが必要であろうか。

　授業で使用する素材や道具を少し変化させるだけで，子どもの授業中の活動が大きく変化することがある。しかし，素材や道具を変化させるだけで授業が自動的に発展するものではないということも事実である。

　こうした中で，授業において子どもの活動を発展させるには，「授業に流れをつくる」ことが重要であると筆者は考えている。たとえば用意した3つの教材を一度に出さず，1つひとつ提示したり，同じような教材でも少しずつ変化を加えたりする工夫が必要である。このようなちょっとした提示の工夫をするだけでも，子どもたちは授業の変化に気付き，教材に対する興味や関心を持ち続けて遊ぶことができるようになる。

　このため，授業の流れをつくる際に，子どもたちの様子を見ながら変更できるような大枠をつくり，ある程度自由度のある流れの中で指導する

子どもに魔法をかけてファンタジーワールドに行く

ことが有効であると考える。たとえば、特別支援学校小学部の実践「ファンタジーワールド」という生活単元学習の授業では、導入の場面で、子どもたちに布で魔法をかけ、夢の世界「ファンタジーワールド」に行くという設定で授業を行った（授業展開の詳細は第7章参照）。この授業では、教師は、いつも同じ展開で授業を進めるのではなく、子どもたちの遊びの様子を見ながら、少しずつ素材の提示方法を変え、変化を楽しみながら遊ぶことができるように工夫した。

(2) 子どもと一緒に遊びの変化を楽しむ

実際の授業では、棒付き紙テープを提示しクルクル回して楽しんだり、紙テープを平均台に並べてみんなで転がすといった場面をつくったり、伸びた紙テープを引っ張ったり、紙テープの下をくぐったりして、さまざまな方法で遊んだ。

いろいろな遊び方をする子ども

子どもたちが遊びに慣れてきた頃に、遊びをさらに発展させたいという思いから、オーガンジー風の柔らかい透き通った布や軽くて丈夫なサテン地の布を身体にまとって駆け回ってみたり、棒付き紙テープと布を組み合わせて遊ぶことができるように授業を変化させ

透き通った布をまとって遊ぶ

た。

　このとき，紙テープの遊び方も，投げるだけでなく，転がしたり，紙テープをつるした状態にして，一気にテープを引き出すなど，同じ素材でも，子どもたちの興味が薄れることのないように少しずつ修正しながら授業を進めた。

テープを引っ張って遊ぶ

　さらに，遊びに夢中になっている子が時間になっても気持ちを切り替えることができないでいたので，授業の終わりを意識できるように，魔法をかけて「終わり」がわかるようにした。

　具体的には，動物の絵が描いてある大きな箱に使った紙テープを入れて片付けをしたあと，教師が子どもの頭の上に布をかぶせたら魔法が解けるという場面をつくった。こうすることで，もっと遊びたいという気持ちを持っていた子どもたちも，その気持ちを抑えて，納得して授業を終えることができるようになった。

片付けをして，布をかけたら授業の終わり

　こうした授業の流れをつくることで，同じ素材で数カ月授業をしても，子どもたちは飽きることなく満足感や充実感を味わい，活動を楽しむことができた。

　以上のように，子どもが素材に十分に親しみながら，活動の動機を継続させるためには，1つの単元で同じ素材を用い，同じような授業展開

を繰り返していくことが必要である。その一方で，各回の授業の流れを少しずつ変化させ，子どもが感じる学習活動の魅力や，子どもたちが手を伸ばしてやってみようとする活動を多様に引き出していくことも重要である。

　簡単に言えば，授業の骨格をしっかりつくりながら，細かいところでは授業展開の変化を許容するということである。特に，幼児から小学生段階の子どもの遊びは，子どもが教師の意図を理解して，それに合わせて遊ぶという姿を目指すのではなく，遊びや活動に自然に身体が向かっていくように授業を展開することが重要である。そのため，そうした実践を展開するためには，最初から細かい遊び方や教師の関わり方を決めて授業をするのではなく，大枠で授業を設計し，子どもの様子を見ながら素材や遊び，あるいは働きかけを変化させていくことが必要なのだと考える。

　このように，子どもの感情コントロール力とキャリアを育てる授業づくりには，大きな枠組みをつくった上で，教師と子どもの豊かなやりとりが必要である。これは，教師には遊びを少しずつ変化させながら，子どもと一緒に楽しむ姿勢が必要であることを意味しているのではないだろうか。

2 教師の多様な関わり方を考える

　授業に流れをつくったあと，教師は子どもとどのように関わることが必要であろうか。教師の子どもたちへの関わりは，直接的なものから間接的ものまで多様にある。たとえば，子どもの目の前で教師がやり方を示すなどの直接的な関わりもあれば，子どもと共に活動し，共感や賞賛の言葉かけをするというような子どもの気持ちに働きかけるものもある。さらには，子どもの活動の動きが止まったときにだけ声をかけたり，見守って子どもが動き出すのを待つなども考えられる。

　こうした子どもと教師の多様な関わり方は，教師が子どもに指示的・指導的に関わるもの（主体－客体関係）と，教師と子どもが共に（同じ目線で）関わり合うもの（主体－主体関係）とに大別できる（ここでは，どちらがよいということを論じているわけではない）。さらに，教師と子どもだけの関わりではなく，子ども同士の関わりもあり，教師は子どもが他者とどのように関わるかに意識を向けて授業を展開していくことが求められる。

　そこでこの節では，特別支援学校小学部の生活単元学習の実践「キャンドルとコースターづくり」を例にして，「待つ」「任せる」「共に」という教師の関わりについて考えてみたい（授業展開の詳細は第8章参照）。

(1) 「待つ」という関わり

　「待つ」とは，子どもの反応や行動として動き出すまで静観するということである。私たち教師は，子どもの動き出しや言葉を待てずに，すぐに支援の手をさしのべたり，一方的に関わってしまうことが多い。しかし，子どもの感情コントロール力とキャリアという視点から考えると，子ども自身が考え，判断し，行動することが重要であり，そのため，教

第6章　教授モデルを通して教師の働きかけの質を高める

師は子どもが活動の中で考え，判断するまでの間，意図的に「待つ」ことができなければならない。

　たとえば，ろうそくを粉々に割って，それに熱を加えて溶かし，自分なりのキャンドルをつくるという場面があった。最初は，「さあキャンドルを作ろう」と教師が材料や道具を机の上に用意した。このとき，子どもの判断を大切にしようと思い，直接的な指示を極力少なくした。すると，子どもはそれまで言葉かけで動き出していたため，自分から活動を始めることができなかった。

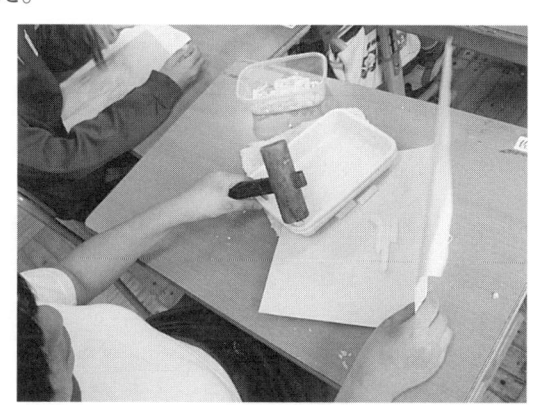

　そこで，1人ひとりのかごに材料や道具を用意しておき，教師が子どもたちの目の前で活動を始めてみたところ，教師の動きを見て自分から活動し始める子どもがいた。もちろん，教師が待ってもどうしたらいいかわからず，教師の顔をうかがって「いいよ」と言わ

自分からろうを砕く

なければ活動を始めることができない子どももいた。そうした子どもに対しては，「いいよ」と言葉をかけながら「うなずき」や「目線で伝える」なども加えて，子どもが活動を始めるのを「待つ」ことにした。

　このように，直接的な関わりを少しずつ減らし，子どもとの距離感を変化させることで，子どもは自分からろうそくを取りに行ったり，自信を持ってろうそくを折ったりすることができるようになった。

　また，コースターにシールを貼って飾り付けをする活動をしていた場面では，教師が子どもの隣で同じようにやってみせて「待つ」ことにした。しかし，先の例と同じように，自分からは活動しない子どもがいた。そこで，教師が貼るのを子どもの目の前で見せ，言葉かけをしてからシー

ルを手渡して「待つ」ようにしたが, この関わりも子どもにとっては「シールを貼らされている」という感じで作業をしていた。

そうした子どもの様子を見て, シールではなくキラキラのラメの粉を用意し,「きれいだなあ」「どの色にしようかな」などとつぶやきながら教師が隣で飾り付けをして待つように関わり方を変えてみた。すると, 子どもは「ここに乗せる」「自分でやる」などと言い, 試行錯誤を繰り返し, 自分からラメの粉の飾り付けができた。

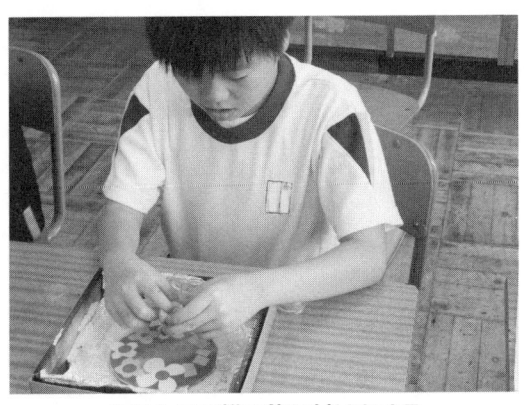

キラキラの粉で飾り付けをする

もちろん, 子どもが活動に参加するようになったのは, ラメの粉に魅力があったことも大きく関係しているだろう。しかし, その一方で, 教師が積極的に関わって活動に参加させようとするのではなく, 多様な素材や道具を用意しながら, 子どもの魅力や動機が高まるのを「待つ」ということがあったから, こうした主体的な活動を引き出せたのではないかと考える。

(2) 子どもに「任せる」ときの教師の関わり

次に, 子どもに「任せる」ということについて考えてみたい。「任せる」とは, 好きなようにさせる, 自由にさせる, そのままにしておくなど, さまざまに表現することができる。

発達障害児に対する授業では, 教師は子どもに「任せる」ことが重要であるということを頭で理解しながらも, 障害によるさまざまな制約から子どもに「任せる」場面をうまく設定できずに, ついつい教師主導の授業となってしまうことが多い。たとえば, ろうそくを溶かしてキャン

第6章　教授モデルを通して教師の働きかけの質を高める

ドルをつくる授業では、ホットプレートを使ってろうを溶かす活動をしたときに、子どもがホットプレートに触れてしまい火傷をするのではないかと危惧したため、教師はなかなか子どもたちに「任せる」ことができなかった。

そこで、怪我のないようにさまざまな工夫や配慮をして、子どもたちに任せる範囲を広げた授業に変えようと考えた。具体的には、教師はいろいろな材料や道具を用意し、子どもが自分のやりやすい方法で活動できるようにした。その上で、直接的な言葉かけは極力少なくし、うまくできている友達の様子をみんなに伝えたり、うまくできないでいる子どもには教師がその子の目の前でやって見せるようにした。このように子どもへの働きかけを工夫すると、教師のやり方をまねて活動し始める子どもが出てきた。

ホットプレートを使ってろうを溶かす

さらに、溶かしたろうを固めて型抜きをする活動でも、はじめはろうが固まる前にすぐ取り外したため、うまく型抜きができなかった子どもも多くいた。また、丸や三角・星などいろいろな型抜きを試したが、うま

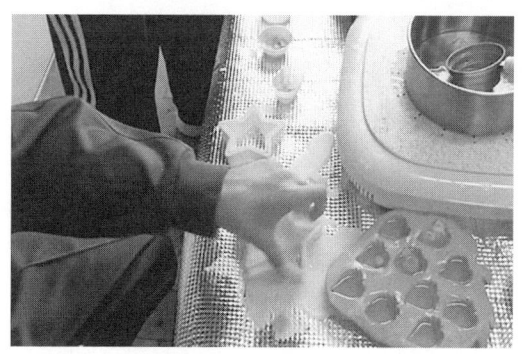

いろいろな道具で固めたろうを型抜きする

く型抜きができなかった。このとき，教師はすぐにやり方を教えるのではなく，「まだ固まっていないなあ」などと言いながら，どうすればよいかを考えさせた。

こうした関わりを続けているうちに，うまく型抜きをしている友達の様子に気付き，少し手を触れないで待ってみようと手を止める子どもも出てきた。教師は「それでいいんだよ。大丈夫」という表情を子どもに示しながら，その活動を見守った。その後，友達のやり方を参考にしながら，見事に自分なりの型抜きができたとき，子どもは「できた！」と実感し，達成感や充実感を味わっている様子が感じられた。

このように，子どもの安全に配慮しながらも，子どもの活動を直接的にリードするのではなく，友達の活動を見せたり，間接的に働きかけることが重要である。すなわち，子どもを見守り，「任せる」実践とは，子ども自身に考えさせ，判断させる機会をふやしていくように授業を進めることであると考える。

(3) 子どもと「共に」活動する

子どもの感情コントロール力とキャリアを育成するためには，教師が待ち，任せて活動に参加するようになるだけではなく，最終的には他者と「共に」活動することが必要である。そこで，「共に」活動するということについても考えてみたい。

「共に」活動するとは，「一緒に何かをする」ということである。しかし，一緒に何かをするといってもさまざまなレベルの活動が考えられる。たとえば，場を共有するだけの活動（共同）もあれば，同じ目的に向かっている活動もある。その中でも，分業して別々のことをしている活動（協同）もあれば，互いに助け合いながら1つのものを作り上げていく活動（協働）もある。

さらに，一緒に活動する相手が教師のときもあれば，友達のときもある。また，その友達が先輩のときもあれば，小さい子どものときもある

第6章　教授モデルを通して教師の働きかけの質を高める

だろう。このように，教師が意図的に活動の内容や集団を変化させることで，子どもの協働（共同・協同）活動の質もさまざまに変化する。

　具体的な実践を通して考えてみると，コースターづくりの授業を行ったときに，子ども同士の関わりを持たせようとして，2人組や3人組にして活動を行った（コースターづくりの実践の詳細は第8章参照）。しかし，単に子どもをペアにして活動するだけでは，活動は行うものの，自分たちで作り上げたという達成感や満足感が得られなかった。

　そこで，1つの大きな机を使うことで，みんなで1つの物を一緒に作り上げることがわかるようにした。もちろん，教師も一緒に参加して作ることにした。さらに，1人で全てを作り上げるのではなく，みんなで1つの物を作り上げるという実感を持てるようにした。

　たとえば，「台紙がなくなったからほしいな」「この次は何をする？」というように，友達の進み具合を意識しながら自分の作品を作るように働きかけた。

　このとき，教師も子どものそばで一緒に作りながら「きれいにできたね」「先生も○○さんと同じようにやってみようかな」など，子どもが作っている過程でたくさん共感し，みんなの活動を合わせて1つの製品を作るようにし，教師も共同制作者の1人となるように心がけた。

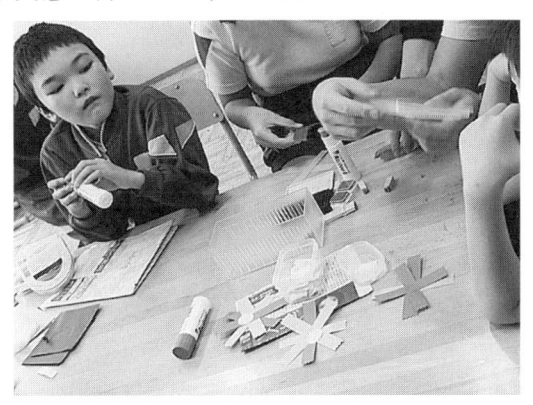

友達のやり方を見ながら自分の作品を作る

　このように授業を進めると，子どもたちは台紙を友達のところに取りに行ったり，飾り付けを友達にお願いしたりして，それぞれが自分で考えて行動するようになった。これは，まさに「協働」的な関わりが生まれている場面であると教師は感じた。みんなで力を合わせて「共に」作

り上げた作品は大事そうに友達に見せ，達成感や満足感を十分に味わっているように感じられた。

　このように，「共に」活動する授業では，協働活動の質について教師間で共通理解を図り，子どもたちの言動を深く読み解きながら，教師が意図的に働きかけることが重要であると考える。

友達のところに台紙や道具を取りに行く

何よりも，教師自身が子どもたちの制作の中に一緒に入り込み，「共に作る」という意識を持って授業に臨むことが大切であり，そうした意識を常に共有している教師集団であることが重要なのである。

　こうした協働活動が実践されれば，子どもはその過程で自分の思いどおりにいかなかった活動に遭遇したときにも，他者からの働きかけなどが支えとなり，不安になる気持ちを抑えて（感情コントロール），社会的活動に参加し続けることができるようになるのではないだろうか（キャリアの形成）。

3 教師の指導性と教授モデル

(1) 教師の働きかけを図示し，記述する重要性

　前節で示したような実践を展開するためには，指導案の中に教師の関わりを具体的に記述していくことも必要となる。なぜなら，子どもは1人ひとり異なる教師の支援や指導を頼りに学習を進めることになり，同じ授業の中でも，そばにいる教師次第で，全く異なる取り組みに変わってしまう可能性があるからである。

　こうした理由から，特別支援教育では，子どもに効果的に指導するためにチーム・ティーチングが重要であると言われてきた。筆者はこれを具現化する意味で，授業における教師の関わり方について話し合い，各教師の指導方法を指導案に記すことが必要であると考えた。

　なぜなら，こうした指導案を作成することで言葉かけの多い教師，見守る教師，見本の示し方を工夫する教師など，自分や他の教師の関わり方の特徴を相互に見つめ合うことができ，効果的な指導が可能となると考えるからである。研究授業などでこうしたチーム・ティーチングの具体的な内容を図示して授業を展開すれば，学部や学校全体で情緒不安定な子どもに対する対応方法を共有することができるだろう。

　さらに，子ども1人ひとりの有効な関わり方を探り，教師とのやり取りを「流れ」で捉え，振り返ることができるようにすることも重要である。こうした教師の意図的な働きかけを計画的に実践するために指導案として記述したのが「教授モデル」である。

(2) 教師の働きかけを発展させる「教授モデル」の作成

　このように，研究授業を行うときに，担当の子どもへの働きかけを「教

授モデル」として具体的に作成すれば，複数の教師で共通理解がはかれるようになり，意図的な指導を組織的に提供できるようになる。

　また，「教授モデル」の作成によって，教師は授業を「流れ」で捉えながら，その時々の子どもへの働きかけを意識して授業に臨むことができるようになる。これがあれば，教師はそれぞれの子どもに対して余裕をもって関わることができるようになるだろう。また，単元が進むとともに，指導の質も高まり，授業を発展させる契機ともなると考える。

　たとえば，先の例に挙げたコースターづくりの授業では，子どもがそれぞれ好きに遊び，活動する「共同」から，同じ目的を持って遊び，活動する「協同」，そして共に働きかけ合いながら遊び，活動する「協働」へと集団を発展させていくことを目指して，以下のような教授モデルを作成した（次ページ参照）。

　教授モデルの作成は，授業の一場面だけでもよい。また，特に決まった様式があるわけではないので，授業や子どもの特徴に合わせて考案するのがよい。大切なことは，この授業をどのように展開したいのかを教師たちが想像し合い，そのイメージを具体的に記述することである。教授モデルはそのために必要な「枠（書式）」であると考える。

　感情コントロール力とキャリア教育を育てる授業を展開するにあたっては，揺れ動く子どもの気持ちをキャッチすることが重要である。こうした点から考えると，教授モデルは子どもの揺れ動く気持ちに教師がどのように寄り添い，指導していくかを検討するものである。そして，教授モデルは子どもが活動への参加の度合いを高めるために最善の働きかけをするにはどうしたらよいかを考え，授業に参加する教師全員でその指導方法を共有するための１つの重要なツールとなるのではないかと考える。

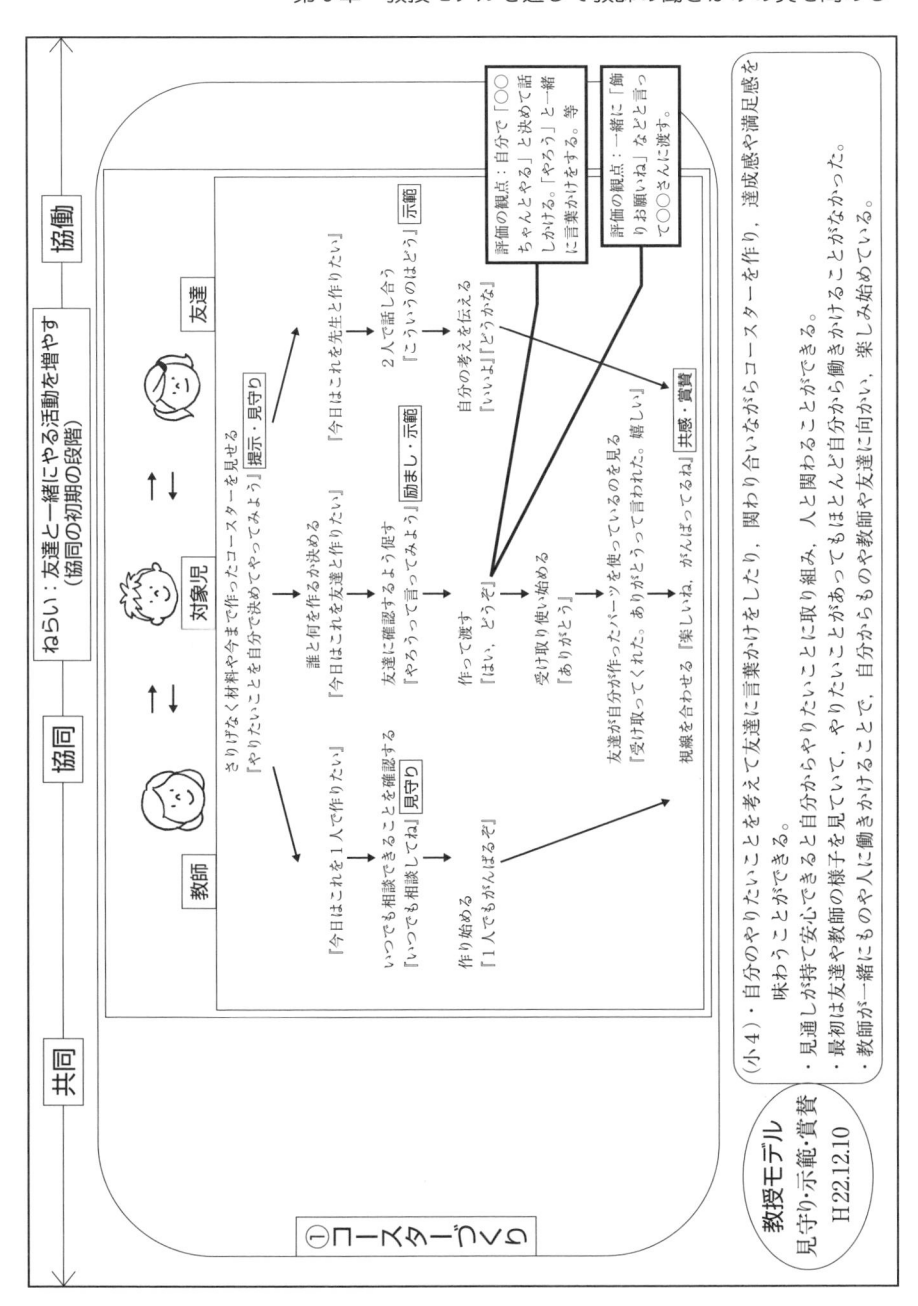

第6章 教授モデルを通して教師の働きかけの質を高める

ねらい：友達と一緒にやる活動を増やす（協同の初期の段階）

共同 / 協同 / 協働

教師 ⇄ 対象児 ⇄ 友達

①コースターづくり

教師側の働きかけ：
- さりげなく材料や今まで作ったコースターを見せる「やりたいことを自分で決めてやってみよう」
- いつでも相談できることを確認する「いつでも相談してね」[見守り]
- 作り始める「1人でもがんばるぞ」
- 誰と何を作るか決める
- 友達に確認するよう促す「やろうって言ってみよう」[励まし・示範]
- 作って渡す「はい、どうぞ」
- 受け取り使い始める
- 友達が自分が作ったパーツを使っているのを見る「受け取ってくれた、ありがとうって言われた、嬉しい」
- 視線を合わせる「楽しいね、がんばってるね」[共感・賞賛]

友達側：
- 「今日はこれを先生と作りたい」[提示・見守り]
- 2人で話し合う「こういうのはどう？」
- 自分の考えを伝える「いいよ」「どうかな」
- 「ありがとう」

評価の観点：自分で「〇〇ちゃんとやる」「やろう」と声をかける。「〇〇と一緒に話しかける」等
評価の観点：一緒に「いいね」「お願いね」などと言って〇〇さんに渡す。

（小4）・自分のやりたいことを考えて友達に言葉がけをしたり、関わり合いながらコースターを作り、達成感や満足感を味わうことができる。
・見通しが持てて安心できると自分からやりたいことに取り組み、人と関わることができる。
・最初は友達や教師の様子を見ていて、やりたいことがあってもほとんど自分から働きかけることがなかった。
・教師が一緒にものやに人に働きかけることで、自分からものや教師や友達に向かい、楽しみ始めている。

教授モデル
見守り・示範・賞賛
H22.12.10

4 チーム・ティーチングを支える研究授業

(1) チーム・ティーチングの質を高める必要性

　以上のように，教授モデルを作成し，子どもたちの遊びや動き，活動を予想して授業を実践すると，教師間で連携した働きかけが可能になる。しかし，授業前にどんなに丁寧に話し合っても，授業は思ったとおりにはいかないことも多い。

　たとえば，「この素材ならうまくいく」「きっとこの子はこんなふうに遊ぶに違いない」「こうなったときに授業をこんなふうに展開しよう」など，細かく話し合っていたにもかかわらず，子どもがその素材を怖がってしまったり，すぐに飽きてしまったりするということはある。

　そして，一度，嫌だと思った教材は，その後ずっと見向きもしてくれず，せっかくの話し合いが生かされないということも多々ある。このような場合には，授業をビデオに撮りながら全体を見る教師を配置し，なぜ子どもが活動に参加しようとしないのかなど授業を客観的に把握し，教師の関わり方を修正することが必要な場合もある。

　以上のようなチーム・ティーチングの質を高める研究授業を繰り返せば，全体を見ている教師を特別に配置しなくても，教師の誰もが授業を全体的に把握しながら動けるようになっていくだろう。こうした教師の働きかけの質を高めるためには，継続した専門職研修が必要であるが，この研修は理論的な講義を聞くことばかりでなく，授業改善の視点を定めて授業を振り返り，自らの指導を常に改善・変化させるものでなければならないと考える。

第6章　教授モデルを通して教師の働きかけの質を高める

(2)　視点を定めて研究授業を行う

　研究授業を通して教師自身の質を高めていくために，教師は自分の授業を「流れ」で見ることができるようになることが求められる。たとえば，いつもは素材に目を向けることのない子どもが，今日は教師が提示したものに少し興味を示したと思われたとき，そばにいた教師がさっとその子の近くに行き，共感の言葉かけをするなどである。

　また，もう1人の教師は共感の言葉をかけている教師をフォローするために，素材と向き合い始めた子どもの活動が続くように，近くの子どものやり方に注意を向けさせるような働きかけをするなど，連携プレーができるようになる。

　もちろん，こうした連携プレーは，教授モデルを作成しなくてもこれまでにも実践されてきたことであり，特別に新しい実践方法を提案しているわけではない。しかし，特別支援教育学校や特別支援学級で，教員が短期間で異動したり，非常勤講師が多く採用されている現実を見れば，質の高いチーム・ティーチングを組織的に，継続して行える研修体制（研究授業のシステム）をつくることは大切なことであると考える。

　すなわち，教師は日々の授業でさまざまな場面における子どもへの関わり方を工夫し，その経験を積み上げていく。そうした中で，1人ひとりの子どもの小さな変化を見逃すことなく，教師同士がそれぞれの位置や働きかけの方法をわかり合えるようになるだろう。こうした授業を展開するためには，視点を定めた研究授業を繰り返すことが重要である。

　すなわち，研究授業などで「教授モデル」を作成し，学校全体で対応方法を検討しながらも，教師間で授業を振り返り，状況に合わせて，予想していた教授モデルをその場で適宜変化させる。こうした研究授業を繰り返すことで，質の高いチーム・ティーチングを生み出せるのではないかと考える。

コラム

固定概念を外して本当の子どもを見る

　血液型占いは「A型は真面目，B型はマイペース」と性格で人の気質を判断し相性や適性を判定するものである。私たちは日常の中で，このような「ラベリング（レッテル貼り）」をすることがある。これは，人や物の多様性を捉えず，単純で画一的な枠組みの中で判断をする思考であり，「ステレオタイプ」ともいわれる。

　教師といえども例外ではない。「あの子は乱暴者。言っても聞く耳もたない子」等，乱暴な行動や言動が目立つ子どもに対しては「悪い子」の評価を下しやすい。反対に，いつもおとなしく素直な子どもには「あなたはいつも真面目でえらいね」と「良い子」と評価する。これは，教師が学校での子どもの姿から実態を把握しようとするために生じるものでもあり，自分の知っている日常の姿の記憶から，子どもの実態（真の姿）を捉えようとしていると考えられる。

　しかし，子どものすべての姿を教師は見ることはできない。家庭での姿，友達同士，他の教師との関わりの中で見せる表情，内面の奥深い感情など，一教師にとって子どもの「死角」は多いのではないだろうか。「良い子ね」と素直に賞賛の意味を込めて伝えた一言は，ラベリングとは異なるようであるが，ある子どもにとっては，ネガティブな感情を内面に封じ込める一言となる可能性を含む。

　そのため，子どもを本当に理解しようと思ったら，上記のように，自分の強い印象のもと，画一的に実態を捉えてしまうのではなく，「見えない部分がどのように育っているのか」にも思いを巡らせることが必要である。すなわち，教師は自分の処理しやすいように子どもを捉えるステレオタイプ的な考え方に陥る危険性を持っていることを常に自覚しながら，固定概念を外し，多角的に子どもを見つめることが大切であると考える。　　　（寺門宏美）

第7章
感情コントロール力の育成とキャリア教育の実践展開Ⅰ

―活動に参加できない子どもの表現・造形遊び―

1 素材を吟味し，遊びを発展させる

　これまでの章では，感情コントロール力とキャリアを育てるためには，魅力的な活動の中で，人やものに対して子ども自身が主体的に働きかけることが大切であると述べてきた。

　特に，表現活動や造形遊びは「このように作らせなければならない」という制約が少ないことに加え，認識能力の高い低いに関係なく，子どもたちから自由な表現を引き出しやすい。そのため，発達障害や情緒障害をもつ子どもでも主体的に活動できる授業を生み出しやすいのではないかと考える。

　そこで，第7章では，特別支援学校小学部で行われた表現・造形遊びの実践を取り上げ，遊びの指導を通して感情コントロール力とキャリアを育てる方法について考えてみたい。

(1) 素材と関わる子どもの様子から遊びを広げる

　発達障害児や情緒障害児に対して表現・造形遊びの授業を展開する場合には，まず，子どもたちが比較的長期間，親しめる素材を選ぶことが重要となる。そこで，どのような素材を選び，子どもたちの遊びを発展させてきたのかについて実践的に述べていきたい。

　授業では，子どもたちがさまざまな素材に出会い，ふれ合い，友達や教師と一緒に思い切り遊ぶことができるようなものを選ぶことが大切であると考えた。このとき，何だろう，どうやって遊ぼうかなど，子どもの中で遊びのイメージが膨らみ，さまざまに試行錯誤できる素材を選んだ。また，もっと遊びたい，先生や友達と一緒に遊びたいというように，人を意識して遊べるような素材を探した。

第7章　感情コントロール力の育成とキャリア教育の実践展開Ⅰ

① 石と紙と入れ物を使って遊ぶ

具体的には，遊びの素材は身の回りにあるものから選ぼうと考え，最初は「石」をテーマにして遊んだ。教室の中に大きめのテーブルを出し，いろいろな色のつるつるした丸くて握りやすい石を子どもに提示したが，はじめの頃は，石を見てもどう遊んでよいのかわからずにじっとしている子どもが多かった。

そこで，教師が石を並べて見せたり，入れ物に入れたり，転がしたりした。そのとき，教師が子どもに「さあ，やってみよう」と促すと，向かい合って1つの石を転がし合う子どもたちもいた。しかし，教師と同じように石を並べて遊んでみても，その後の遊びが続かない。中には石を口に入れてしまう子どももいて，「石」という素材だけでは，遊びがなかなか広がらないことがわかった。

こうした反省から，「石と紙と入れ物」というように，いくつかの素材を組み合わせて遊ぶことにした。活動場所も教室より広いプレイルームを使うようにした。このように，多様な素材を組み合わせ，子どもたちが活動しやすい場所（空間）を用意することで，見立て遊びができる子どもは，紙で石をくるみ「オムライス」などを作って遊ぶようになった。

しかし，教師が関わることで遊び始める子どもがほとんどで，どのように遊んだらよいかわからない子どもが多く，友達へ働きかける子どもはほとんどいなかった。

石と紙と入れ物を使って遊ぶ

② 障子紙に絵を描く

　また，別の時期に「紙と絵の具」をテーマにして遊んだ。障子紙をプレイルームいっぱいに広げて，バケツにいろいろな色の絵の具を溶き，筆や刷毛（はけ），ポンポン，モップなどを使えるようにして，自由に障子紙に描く授業を展開した。

　子どもたちは，線を描く，絵の具を垂らして点を描く，手に絵の具をつけて手形を取るなど，自分から動き出す様子が見られた。その後，いろいろな色の付いた障子紙を持って外に出て，築山に大きな紙を広げたり，一緒に持って揺らしたり，自分の身体に障子紙を巻き付けたり，破いた紙を持って走ったり，サッカーのゴールネットに破いた紙をからめたりと，遊びが広がっていった。

絵を描いた障子紙で遊ぶ

③ 水遊びを発展させる

　夏の暑い時期には，「水」をテーマにして遊んだ。遊びの場については，芝生の中庭に水遊びができるコンクリートの水槽が設置されており，そこに水色のビニールシートを敷いて水をはるという方法でミニプールをつくった。また，たらいやスプリンクラーを用意し，楽しく遊べるように設定した。

　友達と一緒にミニプールで遊びたい子どもは，ミニプールで水遊びを楽しみ，クルクル回る物を見るのが好きな子どもは，スプリンクラーの場所で水を身体に浴びることを楽しむ様子が見られた。

第7章　感情コントロール力の育成とキャリア教育の実践展開Ⅰ

また，静かな遊びを好む子どもは，教師と一緒にたらいに足を入れたり，たらいにボールを浮かべたりした。ペットボトルに穴を開けてつくったじょうろやエアスプレーなどの遊び道具も用意したところ，ペットボトルに水を入れて水が飛び出してくるのを楽しんだり，繰り返しエアスプレーから霧を噴射したりと，自分から遊びに参加できる子どもも見られた。

このとき，使っていたエアスプレーを友達に取られて悔しい思いをするというような，道具を介しての子どもたち同士の関わりも見られた。さらに，それまでほとんど教師とだけ遊んでいた子どもが，友達がたらいに入るのを見て，自分からたらいに足を入れる場面もあった。水という素材で遊ぶことを通して，友達の活動を見て，やってみたいという動機が高まり，自分から行動できた場面だった。

こうしたさまざまな素材に親しむ遊びの授業を通して，子どもたちの主体的な

水遊びを発展させる

活動を生み出すためには，素材の面白さを味わうというだけでなく，授業展開や活動の工夫が必要だと考えた。そこで，表現・造形遊びの後半は，より意図的に場の設定を行うなど，教師の指導性を発揮して授業づくりをすることにした。

(2) 教師の見えない指導性を組み入れる

教師の指導性を発揮するといっても，教師の意図を前面に出して指導するのではなく，授業はあたかも子どもが主体的に遊んでいると感じられるような展開にすることを心がけた。

① ままごと遊びを発展させる

　たとえば，プレイルームで「紅白玉とおままごと」というテーマで学習したときのことである。ままごとセットを用意したことで，紅白玉を食べ物に見立て，ままごとセットのフライパンにのせて料理をするという子どもがいた。それまで使用していた素材では，自分から素材に手を伸ばし，遊ぼうとしなかった子どもが，赤色の玉をたくさん集めて大きな段ボールに入れ，その中に入って遊ぶ様子も見られた。そうした子どもの様子を観察していた教師は，「もしかしたらこの子たちはこうした感触遊びが好きなのかな」と感じた。

ままごとに興味を持つ子ども

　そこで感触のよい「リボンと細長いカーテン生地」をテーマにした遊びを展開することにした。これは，棒についたさまざまな色のリボンを用意したり，反物のような細長い布をまいたものを置いておき，転がしてくるくると布が回転して広がっていく様子を見せたりすれば，自分から触ってみようとか，寝ころんでみようなどといった気持ちになるのではないかと思ったことからであった。

② リボンと布を使った遊び

　しかし，反物の重さが適当でないと，自分で上手に転がせなくなり，遊びが発展していかなかった。こうした反省から，細長い布を用意し，布を床に転がし広げた後に，それを窓枠に縛り付け，布の下をくぐったり，布をまたいだりできるようした。すると，子どもたちはくぐる，またぐ，その布に寝ころぶなど，さまざまな遊び方をするようになった。

第7章　感情コントロール力の育成とキャリア教育の実践展開Ⅰ

また，寝ころんだ子どもを乗せたまま，教師が布を引っ張ったり，ハンモックのように持ち上げて揺らすと，子どもたちはとても喜んだ。

さらに，新体操のリボンダンスをイメージし，棒にさまざまな長さのリボンを付けた。この棒を持って，自分からくるくると回そうとする子どもがいたり，自分で回せない子どもも，教師が回すリボンを見て楽しんだり，友達が回している様子を見入ったりしていた。

リボンと布を使った遊び

こうした子どもの様子から，感触・質・形など子どもたちが遊びに没頭できるように，次のような「布とリボン」をテーマにして表現・造形遊びを展開した（次ページ図）。

布とリボンの授業展開

時間	学習内容・活動
4	1　本時の学習内容を知る。 　（1）　集合・あいさつをする。 　（2）　みんなで遊ぶことを知る。 　（3）　約束を知る。 　　　　・みんなと一緒に遊ぶ　・けがをしないように
30	2　　　　　　　　　　ファンタジーワールド 　　　　　魔法をかける（教室からファンタジーワールドへ） ○頭を下げて布の感触を楽しむ。↓　○みんな一緒に遊ぶことに気付く。 　　　　　　　　　　リボンを出す ○リボンに気が付く。　　　　↓　○リボンを回す，揺らす。 　　　　　　　　　　細長い布を出す ○細長い布を転がす。　　　　↓ 　　　　　　　細長い布を窓枠に縛り付ける ○布をまたぐ。　　　　　　　↓　○布の下をくぐる。 　　　　　　　布を引っ張ったり，揺らしたりする ○布の上に寝転ぶ。　　　　　↓　○布の上に座る。 　　　　　　　終わりの合図で教師のもとに集まる ○教師のもとへ来て座る。　　↓ 　　　　　魔法をとく（ファンタジーワールドから教室へ）
5	3　振り返りをする。
1	4　終わりのあいさつをする。

第7章　感情コントロール力の育成とキャリア教育の実践展開Ⅰ

2　素材を活かした関わりと授業の「流れ」

　子どもたちの興味（活動への魅力・動機）が持続する素材を吟味した上で，子どもたちが気に入った素材とじっくり関われるようにするためには，授業の「流れ」を考えることが必要である。具体的には，子どもたちが遊びの世界に引き込まれ，その中で自分なりのイメージを作り上げていくことができるように，授業に「ストーリー性」を持たせ，その中で数回の山場をつくり，さまざまな「しかけ」を設定して展開した。

(1)　素材を提示するだけでは行き詰まる

　このように考えたのは，遊びの授業を始めたころの失敗からであった。最初の頃の実践では，教師が素材を提示し，遊び方を示したり，言葉かけをするなど，さまざまな働きかけを行っていた。しかし，こうした働きかけでは，子どもたちは自由に造形や表現ができなかった。

　たとえば，「石」をテーマにして遊んだときには，教師が石を一列に並べてみたり，おはじきのように指で飛ばすなど，教師主体の活動になってしまった。子どもたちは，教師のやり方をまねるだけで，遊びは広がらず，楽しい，面白いと感じていなかったようである。

　当然のことであるかもしれないが，発達障害児や情緒障害児に遊びの指導を展開する場合には，素材をただ提示するだけでは遊びは発展していかない。そこで，教師主体となる遊び方ではなく，子どもたちが「やってみたい」と思うようなしかけや教師の関わりが必要だと考えた。

　具体的には教師が遊び方を決めてしまうような，やり方の提示や言葉かけを少なくし，「わあ，○○君は何やってるんだろう。見て，見て。」などというように，夢中になって遊んでいる姿に注目するように働きかけた。すると，それまで自分なりに遊んでいた子どもが「なんだ，なん

だ」と周囲の状況に気を向けるようになった。

　こうした中でも，どうしていいかわからない子どもには，その子どものそばにさりげなく道具を置いてみたり，「先生もやってみよう」と遊び方を見せたりするなど，関わり方を工夫した。そうした関わりを通して，子どもたちは自分で気づき，素材や道具に近寄っていく様子が見られた。もちろん遊び始める子どもに気づいたときには，教師は「これ面白いね。楽しいね」と子どもに共感した。

子どもと一緒に石遊びをする

　このように，表現・造形遊びを展開するときには，子どもに魅力的な素材を提示するだけではなく，子どもの感情面にその魅力を喚起するような働きかけ（特に，共感的な働きかけ）が重要であると考える。

(2)　遊びを発展させるための道具の配置としかけ

　一方で，水を使った遊びの授業では，水遊びなら誰もが夢中になるだろうと思っていたが，自分から水に触れることができない子どももいた。そこで，子どもの興味を喚起するために，ミニプールやじょうろ，エアスプレーなど，遊ぶ道具をたくさん用意した。また，不安が強い子どもには，教師がそばにいたり，安心して遊べるエリアをつくったりして，主体的に遊べるように工夫した。

　同様に，布と紙テープを使って遊ぶ授業のときには，ラップの芯に紙テープを何本も付けたものを用意した。もちろん，こうした道具やしかけを用意しても，どう遊んでよいかわからず，戸惑っている子どももい

第 7 章　感情コントロール力の育成とキャリア教育の実践展開 I

た。そうした場合には，紙テープを回す音を聞かせたり，回る様子を見せたりすることで，自分から遊びたいと思えるように関わり方を工夫した。すると，不安が強くそれまであまり主体的に参加しなかった子どもも紙テープを手に取り，くるくると回し始めた。

紙テープをくるくる回して遊ぶ

　しかし，この遊びは長い間は続かず，飽きてしまう子どももいた。これは，素材の面白さを子どもに伝えるだけでは子どもの遊びは広がっていかないということであり，もう少し授業の流れや関わり方を工夫する必要があると考えた。

(3) 「教授モデル」を通して指導方法を共有する

　そこで，授業の流れや関わり方をより明確にするために，教授モデルを考案して授業を展開することにした。教授モデルを考案するにあたって，「直接手渡しするよりも，さりげなく見せたほうが，自分で問題を解決できたと感じるのではないか」「イメージを膨らませていけるような言葉かけをしていくともっと主体的に遊びが広がっていくのではないか」など，子どもについて話し合い，それぞれの子どもに合った関わり方を検討した（具体的な教授モデル〔抜粋〕は 107 ページ参照）。

　このとき，1 人ずつ遊びが広がるように，「この子はものをよく見るようになってきたから，ここの場面では，言葉かけではなくさりげなく提示した方がいいのではないか」「まだまだ不安が強い様子だから遠くで見守るのではなく，常に教師が近くで笑顔を見せる方が，安心して遊べるのではないか」など，教師間で意見を出し合い，何度も指導方法を

手直ししていった。

　たとえば，紙テープを一斉に転がす遊びでは，静かに遊んでいた子どもも，教師がそばで共感した言葉かけをしたり，友達が紙テープを転がす様子を見るように指さしして気づかせたりした。そうすることで，多くの子どもが友達の遊んでいる様子を見ることができるようになった。また，教師が一緒にやってみようと促すだけではなかなか参加できなかった子どもたちが，友達の様子を見て，自分から平均台にのって紙テープを要求して転がし，とても満足そうな笑顔が見られた。

みんなで一斉に紙テープを投げる

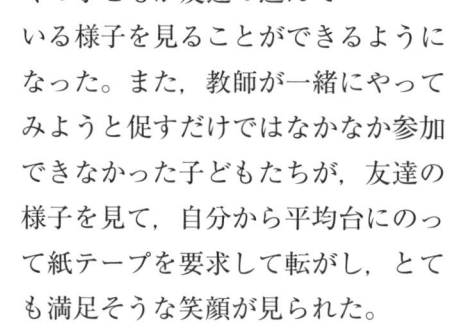

　このように，1人ひとりの子どもに合わせて関わり方を工夫し，なかなか活動に参加できないでいた子どもたちが，みんなと一緒だと楽しいという気持ちを持つようになった。

友達と一緒にテープを投げる

　こうした子どもの変化をもたらしたのは，「教授モデル」の作成を通して，その中で子どもの自発的な遊びを発展させていくことができるような指導方法を共有したことが大きいと考える。

3 教授モデルにもとづく実践展開

(1) 指導方法を共有するための教授モデルの作成

　授業づくりの過程で子どもたちにどのような関わり方をしてきたのかを振り返ると，教師Aはある子どもに対しては言葉かけばかりだったり，教師Bは同じ子どもに対して示範ばかりだったりと，教師の関わり方に偏りがあることがわかった。そこで教授モデルを作成して，指導方法を共有することにした。

　教授モデルの作成では，「ここで直接手渡しするよりも，さりげなく見せたほうが，自分で問題を解決できたことが実感できる」とか，「この子は不安が強い子だから安心エリアで教師と一緒に遊べるようにしてはどうか」「この子にはもっとイメージが膨らむ言葉かけが必要」など，教師間で子どもへの関わり方を議論し，書き記した（具体的な教授モデルは 107 ページ参照）。

　また，教授モデルにもとづき実践した後も，毎回授業後に教師間で話し合う時間をつくった。こうした中で，「ここの関わりは予想通りうまくいったから，このまま同じような関わりをしていこう」「ここの場面は『きれいね。お姫様みたいね』などと気分を盛り上げていくような共感した言葉かけをしよう」「この場面では，外ばかり眺めていた。もっと違った関わり方が必要なのではないか」など，子どもの様子と教師の働きかけを振り返り，必要に応じて教授モデルを修正した。

　もちろん，毎時間後に振り返りの会議を持つことが難しい時期もあった。そうしたときには，放課後の立ち話でもよいので，授業のことを話題にして考える時間を持つようにした。

(2) 教授モデルは子どもの主体性を促す「見えない指導性」

　こうした教授モデルにもとづき実践すると，教師が子ども同士の関わりを促しているのであるが，あたかも主体的に友達と遊んでいるように活動させることができるようになる。

　具体的には，近くに人がくるといつも逃げていた子どもが，教師や友達のやり方を見ながら，紙テープをくるくる回したり引っ張ったりできるようになった。また，１人で遊んでいた子どもが教師の静かな言葉かけを受けて，一緒に紙テープを引っ張り合ったり，転がし合ったり，友達のやっているものがほしくて「ちょうだい」と自分から言葉をかけたりする姿も見られるようになった。中には跳び箱をお立ち台のようにして，紙テープを投げる場面を「見て」とアピールするような子どもも見られた。

　このように，教授モデルにもとづく実践を展開すると，教師は授業中にどのように子どもと関わるかという意図を明確に持ちながら，それを前面

お立ち台で紙テープを投げる子ども

に出すことなく子ども主体で遊びを展開していくことができる。こうした教師の「見えない指導性」を発揮することで，子どもは今，自分が何をしたいのかを意識できるようになり，「やりたい」という気持ちを遊びの中で具体化していくことができるようになったのだと考える。

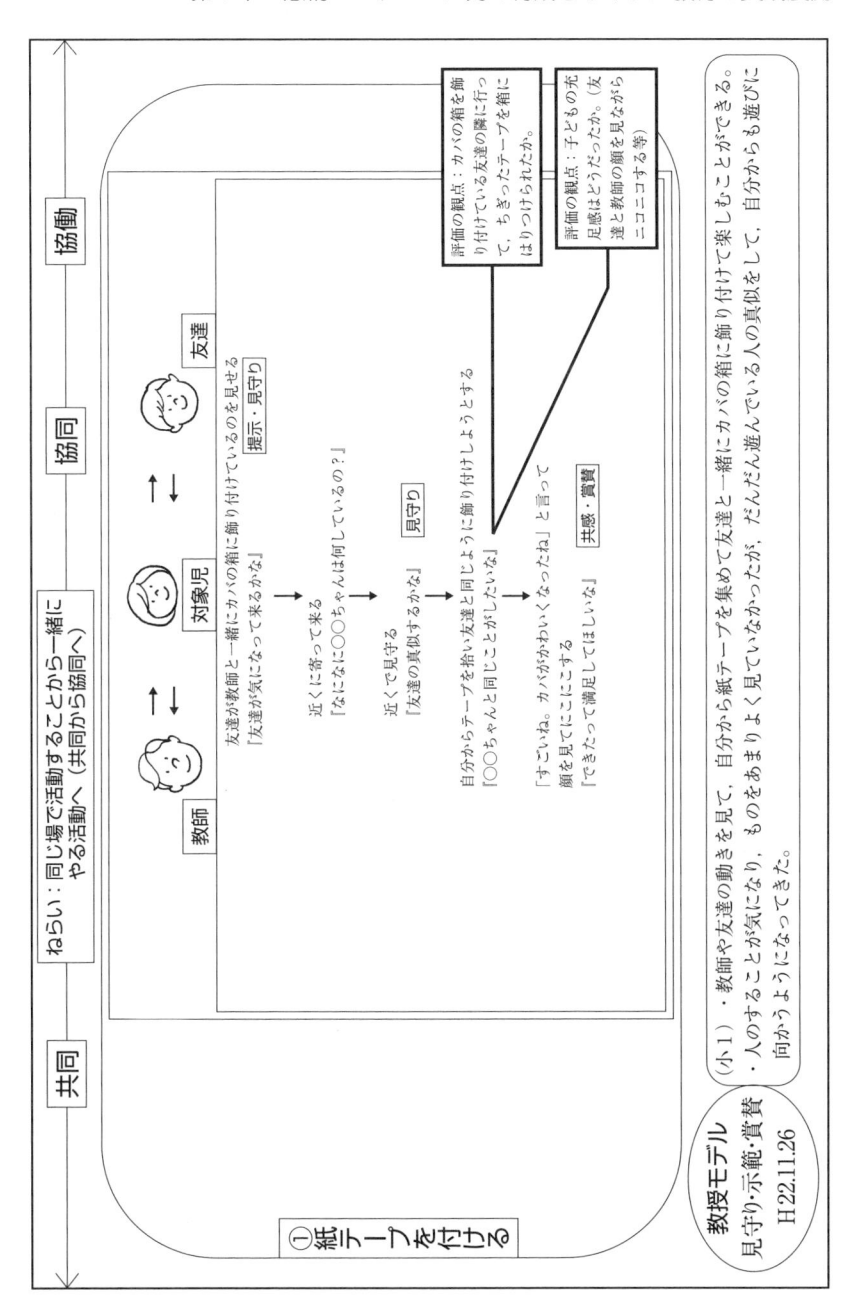

第7章　感情コントロール力の育成とキャリア教育の実践展開Ⅰ

共同　　　　　　　協同　　　　　　　協働

ねらい：同じ場で活動することから一緒にやる活動へ（共同から協同へ）

教師　　対象児　　友達

提示・見守り　　見守り　　共感・賞賛

友達が教師と一緒にカバの箱に飾り付けているのを見せる
「友達が気になって来るかな」

近くに寄って来る
「なにを○○ちゃんは何しているの？」

近くで見守る
「友達の真似するかな」

自分から紙テープを拾い友達と同じように飾り付けしようとする
「○○ちゃんと同じにしたいんだな」

顔を見てにこにこする
「すごいね。カバがかわいくなったね」と言って
「できたって満足してほしいな」

評価の観点：カバの箱を飾り付けている友達の隣に行って、ちぎったテープを箱にはりつけられたか。

評価の観点：子どもの充足感はどうだったか。（友達と教師の顔を見ながらニコニコする等）

①紙テープを付ける

教授モデル
見守り・示範・賞賛
H22.11.26

(小1)・教師や友達の動きを見て、自分から紙テープを集めて友達と一緒にカバの箱に飾り付けて楽しむことができる。
・人のすることが気になり、ものをまりよく見ていなかったが、だんだん遊んでいる人の真似をして、自分からも遊びに向かうようになってきた。

4 主体的に活動に参加する D児への関わり

　最後に，教授モデルを作成して実践した結果，主体的に表現・造形遊びに参加できるようになった事例を紹介したい。D児は，特別支援学校小学部に在籍する小学部1年生（知的障害）の女児である。この子は，発語はほとんどないが，指示理解があり，身振り手振りで自分の意思を伝えることができる子どもであった。

　また，手先が不器用でバランスが悪く転びがちであり，この授業を始める前は，自分でやっていることよりも友達や教師が気になり，1つのことに落ち着いて取り組むことは難しい子どもであった。

(1) 活動になかなか参加しようとしないD児

　D児は新しい活動に対する拒否反応が強く，教師が「やってみよう」と声をかけても，必ず「イヤ」と首を横に振り，参加を拒む様子が見られた。ただ，友達の様子が気になることはあり，そばに近寄って行くが，そうしたときは，友達の物を取り上げてしまうようなこともあった。

　たとえば，紙と絵の具の素材を使った授業のときには，直接筆や刷毛などを手渡し，「面白いよ」と言いながら，教師はD児の前で実際にやってみせて活動を促した。すると，ほんの数分は教師から提示されたものを使い，色を塗り始めたが，すぐに友達のやっていることが気になり始め，その場を移動してしまうといった状況であった。

　また，水を使って遊ぶ授業でも，少し経つと気になる友達のところへ行き，活動に没頭することができなかった。教師は，せっかくD児が友達の活動に目を向けているのだから，友達を見て「自分も同じことをしてみたい」と思うように働きかけることができないかと考えた。

(2) 意図的な関わりにより変化するD児

　教員間で授業場面を振り返ると，D児はバランスの悪さからよろけてしまい，教師が安全な場所に移動させてしまう場面が多かった。そこで，1人でできる簡単なやり方を提示し，近くの教師がさりげなく支えるようにした。

　具体的には，教師は子どもの近くで見守り，友達と同じことをし始めた場面では，「楽しいね」「それでいいよ」というような働きかけをした。それでも，D児が不安を感じるときには，気に入っている場所に誘い，気持ちを支えながら授業への参加を促した。

　たとえば，段ボールと紙テープで遊ぶときに，D児は両面テープを段ボールにつけたり，はがしたりする遊びが気に入り，活動に積極的に参加するようになった。特に，教師のやり方を見ながら，紙テープの糊をはがす方法を知ると，「そうか，こうやればできるんだ」という表情が見られた。

　紙テープを転がす場面では，教師が子どもの見えるところでテープを転

紙テープの活動に主体的に取り組むD児

がす姿を見せると，D児はたくさん転がしたいという気持ちになり，教師と一緒に転がすようになった。この時期になると，D児は「この時間は何か物を使って遊ぶ」ということがわかるようになり，紙テープが欲しいときには身ぶりで教師に伝えてくるようになった。

　こうしたD児の変化を見て，教授モデルも新しく作成し直し，教師とだけでなくD児の気に入っている友達と関わることができるように

実践を変化させていった。

　ただし，教授モデルを修正して新しい指導課題を掲げたときには，教師はD児に対して，共感する言葉をかけたり，友達のやっていることに目を向けるような言葉かけを意識的にするようにした。また，D児が友達を誘いたいという気持ちを見せたときには，その気持ちを代弁し，自分から友達に働きかけることができるようにした。

　こうした教師の関わり（指導）を続けると，紙テープを友達に見せながら，楽しそうに飾り付けをするなど，友達との関わりも増えてきた。D児はこうした満足感や充実感をベースにして，授業の最後には片づけにも参加できるようになり，積極的に授業に取り組むようになっていった。

紙テープの飾り付けを楽しむD児

(3) 肯定的な感情の蓄積が困難場面に立ち向かう力となる

　このような表現・造形遊びの中で，D児は，次第に教師からの直接的な働きかけがなくても，自分から友達のやっていることを模倣するようになり，ものに向かい始め，自分から夢中になって遊ぶことができるようになった。そして，「またやりたい」と思ったことを，自分から「どうしたらできるのか」を教師に聞いたり，1人でできる方法を探り，最後まで頑張ろうという姿も見られるようになった。

　また，表現・造形遊び以外の場面でも，より積極的に活動する様子が見られるようになってきた。たとえば，課題学習の時間では，教師が1人でできる方法を提示してあげれば，投げ出さずに1人で最後まで取り

第7章　感情コントロール力の育成とキャリア教育の実践展開Ⅰ

組むことができるようになった。また，それまであまり友達と交流する姿を見せなかった休み時間にも，友達の誘いを受けて一緒に風船遊びをしたり，ボール転がしをやったりする場面も見られるようになった。

　このように，遊びの授業を通してＤ児は人やものと関わることが楽しいということに気づき，自分からやってみようとさまざまな遊びに向かっていったのだと考える。そして，自分の思うとおりにいかないときや，活動がうまくいかない場面でも，教師に助けを求めながら，どうすればいいのか自分で考え，問題を解決するようになった。

　以上のようなＤ児の実践から言えることは，子どもは「やりたい」という気持ちをベースにして，教師や友達と一緒に活動する中で，主体性が高まり，活動（遊び）に参加するようになるということである。

　こうした魅力的な活動

友達と一緒に活動するＤ児

の中で肯定的な感情（充実感・満足感）が蓄積していくことが，困難場面に直面しても感情を不安定にさせることなく，立ち向かおうとする力へとつながっていくのではないかと考える。

111

コラム

気分を緩和させる多面的な自己

　我々は一度ネガティブな気分になると，ネガティブな記憶や感情が連鎖してしまうことがある（第1章参照）。その一方で，ネガティブな気分のときに，何らかのきっかけによりポジティブな気分が想起され，気分が緩和されることもある。これを「気分緩和動機」という。

　たとえば，仕事で何か失敗をしてしまったとき，「なんで失敗をしてしまったのだろう」とネガティブな気分になったとする。このとき，誰しもネガティブな状態で居続けたいとは思わない。そこで，好きな音楽をかけたりして気分を変える動機を自身で作り出し，ポジティブな気分に戻そうとすることはよくあることである。

　また，仕事をしているときはネガティブな気分であっても，家に帰り，子どもの寝顔を見ると気分が緩和されることもあるだろう。そのとき，人は「○×会社の社員」から「父親」となる。このように，人は，場面に応じてさまざまな自己（多面的自己）を持っている。

　嫌な気分になっても，うまく切り替えネガティブ感情を緩和しやすい人は，こうした多面性を持っていることが多いと言われている。それは，自身をさまざまな方向から見つめ多面的な自己を形成することで，ある側面ではネガティブな気分であっても，別の側面から自分を見つめることで，ネガティブな感情から脱出できるからである。

　このことを子どもへの指導場面で応用するならば，まずは教師がその子の得意な側面と苦手な側面を理解することが重要であろう。そして，教師の働きかけにより"自分にもできることがあるんだ"というポジティブな自分を自覚させることで，子どもは困難場面に直面してもそれを乗り越えようとする子どもに成長していくのではないかと考える。

　　　　　　　　　　　　　　　　　　　　　　　　　　　（米田有希）

第8章
感情コントロール力の育成とキャリア教育の実践展開II

―キャンドル・コースターづくりを通したキャリア教育―

1 ものづくりの魅力を感じる子どもたち

(1) ものづくりの魅力を探る

　第8章では，幼少期の遊びから，キャリア教育に通じる高学年の子どもたちの「ものづくり」の実践へ，どのように発展させていくかについて考えてみたい。ここでは，特別支援学校小学部高学年の子どもたちに実施した「ものづくり」の授業実践を紹介する。

　第7章で紹介した幼少期の表現・造形遊びを通して培った満足感や充実感を活かし，高学年の子どもたちには形ある「もの」を作ることに取り組もうと考え，『コースターづくりとキャンドルづくり』を進めた（授業展開については次ページ参照）。

　この授業で一番大切にしたことは，子どもたちが心から作りたいと思う授業にすることであった。しかし，実際の授業では，高学年の子どもたちをキャンドルグループとコースターグループに分けて授業を進めたが，どちらのグループも最初のうちはなかなか主体的にものづくりに参加できなかった。

キャンドルとコースターの完成品

　これは，「作らせたい」と願う教師の強い思いが，子どもにとっては逆に不自然なものとなり，「活動させる」授業になってしまったからだった。そうなると，子どもたちにとっては授業に参加する魅力（動機）は

第8章　感情コントロール力の育成とキャリア教育の実践展開Ⅱ

|0分|

コースターづくり

① 前回の作品を見る。
② 台紙を作る。
・ローラー，絵の具を使って飾りを作る。
・雪だるま，雪うさぎ，クリスマスツリーなど。
③ 飾り付けをする。
・キラキラ粉，シールを使って装飾する。
④ ラミネートをかける。

キャンドルづくり

① 前回の作品を見る。
② ろうを砕く。
・手で折る，金槌や木槌でたたく。
③ ろうを溶かす。
・砕いたろうを鍋に入れてホットプレートで溶かす。
④ 型やバット，ボール等を使ってキャンドルを作る。
・イメージを確認し作品を作る。

|20分|

ティータイム

① テーブルのセッティングをする。
② お茶を飲む。
③ それぞれ作ったものを見せて伝え合う。
④ 後片付けをする。

|40分|

少なくなり，活動が発展しない。そこで，子どもたちがもっと「作りたい」と思って活動に参加できるような授業に改善する必要があると考え，教師自身もコースターとキャンドルを作り，この活動の中にどんな魅力があるかについて話し合った（表参照）。

コースターとキャンドルづくりの魅力

コースターづくりの魅力	・単純なパーツを自由に組み合わせ，操作が難しくない上に，きらきらしたシールを貼るなど，自分の思い通りの（お気に入りの）コースターができる。 ・家庭も含め，コースターを使用できる場面の頻度は多く，わかりやすく見通しが持ちやすい。
キャンドルづくりの魅力	・ろうそくを粉々に割り，それを溶かし，また固めるという一連の活動は，実感のある活動で子どもが「やってみたい」と思う要素が多く含まれている。 ・ろうそくを溶かしてさまざまな形に変えて，オリジナルのキャンドルを作ることができる。 ・誕生日やクリスマスなど，キャンドルを使う経験をしている子どもが多く，キャンドルには好印象を持っている子どもが多い。

(2)「本物」を一緒に味わう授業づくり

こうした話し合いを通して，子どもたちが思わず手を伸ばしたくなるような作品を提示することで，制作に対する興味・関心を促すとともに，作ってみたいという動機を高められるような授業にしようと考えた。また，授業中の活動もさまざまなものを用意して，子どもたちが試行錯誤し，多様な作品ができるように工夫する必要があると考えた。

具体的には，使用する道具をあえてホットプレートやIH調理機器，

第8章　感情コントロール力の育成とキャリア教育の実践展開Ⅱ

ラミネーターなど，高学年の生活年齢に応じてふさわしいものにした。特別支援学校小学部の子どもたちには，これらの道具を始めから使える子どもは少なく，子どもたちにとっては難しい道具であったが，試行錯誤を繰り返す中で，使い方がわかるようになっていった。

　また，この授業では，子どもが自分から何か始めたときには，教師はできるだけ見守り，何気ない示範をしたり，子どもの脇でさりげなくやって見せたり，一緒にやってみるといった関わりをするようにした。また，賞賛や共感以外の言葉かけはできるだけ減らし，子どもの行動を「待つ」ようにした。

　こうした関わりの中で，今まで自分から活動することのなかった子どもがお玉に手を伸ばして型にろうを流し入れ，キャンドルを作るようになった。たとえば，鍋から溶かしたろうを型に流し入れる際に，テーブルにたくさんこぼれてしまうため，平たいステンレスのバットを子どもの手元に置いたところ，バットにロウを流し入れ，手でかき混ぜ始めた子どももいた。

　こうした子どもの様子を見た教師は，「手で混ぜるのは楽しいね」と子どもの活動を認める言葉かけをし，一緒にやってみた。手でろうをさわるのは火傷の心配があったので，「手で混ぜると少し熱いね。スプーンを使ってみようか」と言ってスプーンを一緒に持ってかき混ぜてみるなど，スプーンを使うようにさりげなく促した。

　しかし，その子どもは手で混ぜることが楽しかったのか，スプーンを置き，また手で混ぜ始めた。そこで，教師は，ろうが熱くないことを確認した上で，手でかき混ぜるという子どものやり方を尊重することにした。このあと，この子どもは，自分なりのやり方を認められたことがきっかけとなり，ろうをかき混ぜるときに泡立て器を使ってホイップするなど，活動が広がっていった。

　このように，コースターづくりやキャンドルづくりでは，基本的に大人が使う道具を与えながら，「本物のものづくり」を味わうことができ

るように授業を展開した。その中で，子どもの発想を取り入れ，可能な限り子どもから出された発想を活かしてものづくりを進めるようにした。

以上の実践を通して感じたことは，教師は意図

手でかき混ぜて作ったキャンドル

（指導性）を持って子どもに対応しているが，教師とそこに集う子どもたちが，ものづくりという共通した目的に向かって一緒に活動することが何よりも重要であるということであった。これは，ものづくりを通して，教師も一緒に「協働活動」に参加することが重要であるということを意味しているのだと考える。

第8章　感情コントロール力の育成とキャリア教育の実践展開Ⅱ

2 活動意欲を引き出す E児への関わり

(1) 子どもがつくりたいものをイメージし，活動を選択する実践へ

　それでは，具体的にコースターづくりとキャンドルづくりの実践を通して，子どもがどのように変化していったのかを見ていきたい。

　最初に，事例として挙げるE児は，名前を呼ばれると返事ができたり，「おはよう」や「礼」など，場面に合った言葉を発したりすることができるが，日常的に自発語は少ない子どもであった。アトピー性皮膚炎がひどく，今やる活動がよくわからなかったり，やりたい活動ができなかったりする場面では，吐いてしまうなど，情緒が不安定になる子どもであった。

　こうした子どもであったので，キャンドルづくりの実践では，ある程度，教師がやり方を示したほうが活動に参加すると考えた。そこで，子どもが感じているキャンドルづくりの魅力を失わせないようにしながら，教師が手を添えてろうを折ることから始めた。時々，手が止まることがあっても「ポキポキするよ」などと声をかけると，繰り返し折ることができた。

　その後，教師の促しで用具の置いてあるところまで行き，ろうそくの入ったケースに手を伸ばし自分の場所まで持ってくるようになり，また，簡単な促しでろうを折

教師と一緒に作るキャンドル

り始めるようになった。手が止まっても腕に触ったり，名前を呼んだりするだけで自分からろうそくを手に取り，折り続けることもできるようになった。

　しかし，ろうを型に流し込む場面では，教師がどのような支援をすれば自分から活動に取り組み始めるのか，教師が試行錯誤を繰り返す状況だった。教師が一番懸念したことは安全性の問題である。溶かしたろうは高温になることから怪我をしないように配慮しなければならなかったが，このため教師は，常にE児のそばで補助をしながら活動に取り組むようになっていた。

　こうした状況のもと，E児は安全に対して神経をとがらせている教師を気にしてか，不安な表情を示しながら活動になかなか参加できなかっ

E児への教授モデル（一部抜粋）

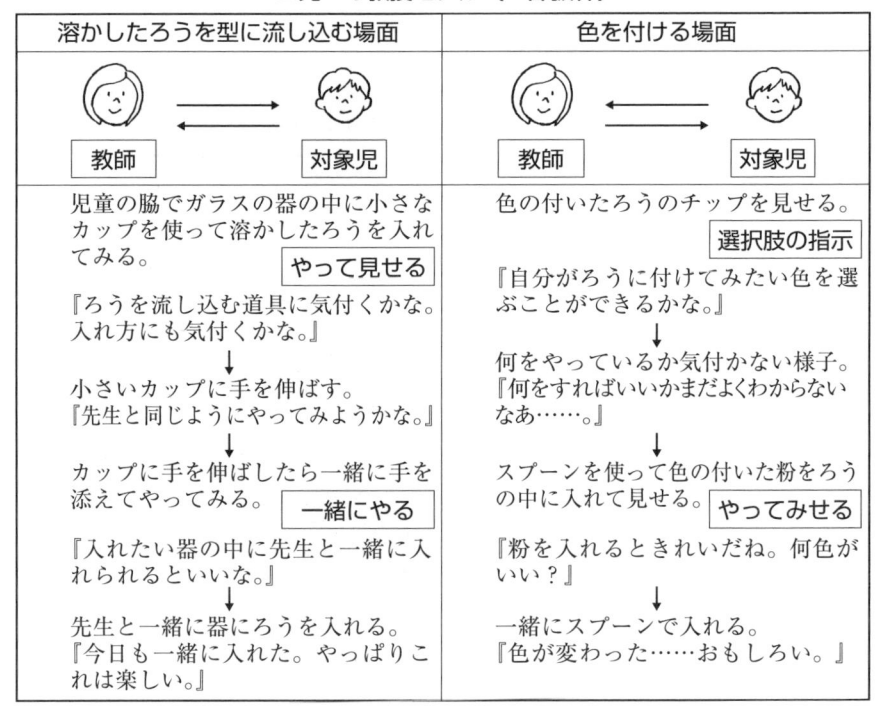

溶かしたろうを型に流し込む場面	色を付ける場面
教師 ⇄ 対象児	教師 ⇄ 対象児
児童の脇でガラスの器の中に小さなカップを使って溶かしたろうを入れてみる。　やって見せる	色の付いたろうのチップを見せる。　選択肢の指示
『ろうを流し込む道具に気付くかな。入れ方にも気付くかな。』	『自分がろうに付けてみたい色を選ぶことができるかな。』
↓	↓
小さいカップに手を伸ばす。『先生と同じようにやってみようかな。』	何をやっているか気付かない様子。『何をすればいいかまだよくわからないなあ……。』
↓	↓
カップに手を伸ばしたら一緒に手を添えてやってみる。　一緒にやる	スプーンを使って色の付いた粉をろうの中に入れて見せる。　やってみせる
『入れたい器の中に先生と一緒に入れられるといいな。』	『粉を入れるときれいだね。何色がいい？』
↓	↓
先生と一緒に器にろうを入れる。『今日も一緒に入れた。やっぱりこれは楽しい。』	一緒にスプーンで入れる。『色が変わった……おもしろい。』

た。そこで，E児が安心して活動するための場の設定はどうしたらいいのか，あるいは気持ちを活動に向けられるようにするために，教師はどのように働きかけをしたらいいのかについて教師間で検討し，教授モデルを作成した。

教授モデルを作成する過程で気付いたことは，必要のない補助や指示・禁止の言葉かけが多く，それがもとでE児はキャンドルづくりを教師と共に楽しめなくなっていたのではないかということであった。こうした反省から，ある程度，子どもに活動を任せる必要があることを感じ，教授モデルを立案した。

具体的には，ろうを折る活動を身に付けていったときと同じように，型に流し込む場面でも，目の前で教師がやってみせたり，子どもと一緒にやってみることを大切にした。また，活動に気持ちが向くように，子どもがイメージしている道具や素材を用意するように配慮し，それを子どもが選択できるようにした。

(2) 教師との関わりから友達との協同へ

このような関わり方に変化すると，子どもは自分から活動を始めることが多くなった。たとえば，計量カップに長めの取っ手をつけて小さいカップを用意し，それを使って教師が型に流し込むところを子どもに見せた。すると，E児は自分から手を伸ばし，そのカップを使ってろうを流し入れた。

これは，自分もやってみたいという気持ちの現れではないかと考え，教師は子どもができたときには賞賛の言葉かけを多くした。こうすることで徐々にE児は自信を持って活動するようになり，人と一緒に作ることの楽しさを感じ，少しずつ活動に気持ちが向かっていくようになった。

その後，E児への働きかけは複数の小さいカップを用意し，どれがよいかを選択させてから一緒に手に取って型に流し込むように関わりを変えていった。このとき，教師はE児に対して「一緒にできたね」「一緒

に作ると楽しいね」「このやり方でもっと作れそうだね」といった賞賛や共感の言葉かけをするように心がけた。

さらに，E児には色付きの粉をろうを流し込んだ型に入れて見せ，「粉を入れるときれいだね」「どの色を入れる？」など"一緒に作る"という立場を忘れずに働きかけをした。キャンドルに色を付ける場面でも，スプーンを一緒に持ち，粉を型に入れるように関わった。こうした働きかけを続けていると，E児は次第に，自分から使いたい道具に手を伸ばし，型にろうを流し入れることを教師と一緒に行うようになった。

12月になって，ライトアップされたクリスマスツリーやデコレーションされたクリスマスケーキなどクリスマスに関係のある写真やイラストを見せてキャンドルづくりのイメージを膨らませた。そうすると，子どもの中にはろうを少しずつ重ねてクリスマスツリーのようなキャンドルを作り始めた子がいた。

E児にこうした子どもたちの姿を見せた上で，友達に「E児にも手伝ってもらってもいいかな……」と尋ねた。すると，友達からは「いいよ」と言う返事が

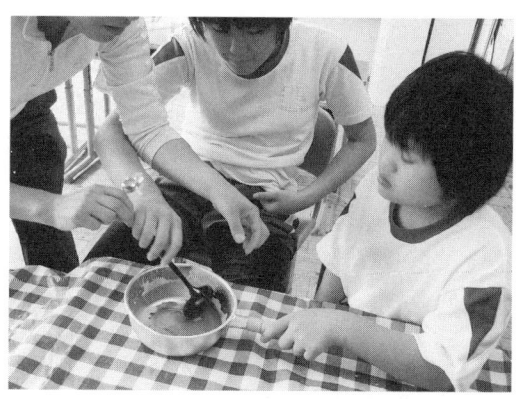

キャンドルを作り始めるE児

E児たちが作ったクリスマスツリーのキャンドル

返ってきた。そのように言われてE児は，かき混ぜたろうを手で重ねてだんだん高くしていきながら，「友達と一緒に作った」という実感を持って活動した。

　これは，まさに教師との協同から友達との協同へと活動が発展した瞬間だったと考えている。すなわち，グループに分かれて活動を始めた当初，教師ができるようになってほしいと願っていても，なかなかできなかった他者との協同活動ができるようになった場面であった。

(3)　協同活動で身につけた肯定的感情がキャリア形成の基盤

　こうしたE児の姿は，その後，ものづくり以外の場面でも頻繁に見られるようになった。たとえば，図工の授業のときに「これを作ってみようか」という教師の働きかけに対して，自分から手を伸ばしやってみようとする姿が増えた。また，給食の時間に嫌いな食べ物が出たときでも，教師の働きかけを受け入れ，少し食べてみようとする姿が見えるようになった。

　このようなものづくりの実践を通して，E児は少しずつ見通しを持ち，安心して活動することができるようになった。こうした安心が，さまざまな道具を使って試行錯誤することにつながり，楽しみながら教師や友達と共に「ものづくり」に取り組むようになっていった。

　すなわち，「E児と一緒に作る」という教師の姿勢が，結果的にはE児の意欲（動機）を高め，活動の発展や自信につながっていったと思われる。そして，E児の中で「できた」「またやってみよう」という気持ちが生まれ，試行錯誤や友達と一緒にやろうとする「心のゆとり」が生まれたのではないだろうか。

　こうした協同活動を通して，E児が他の場面でも主体的に活動するようになったのだとしたら，E児は「ものづくり」を通して自身の感情をコントロールする力を育て，キャリアの基盤を形成したと言えるのではないかと考える。

3 集中してものづくりに取り組むF児への関わり

(1) 授業の流れの理解が安心につながり，主体的活動へ

　続いて，活動に興味はあるものの，ものごとに集中して取り組むことが苦手なF児の事例を紹介したい。F児は特別支援学校小学部高学年（自閉症）の男子で，生活全般において自分のことは自分でできる子どもであった。教師や友達に話しかけられると緊張し，少しこわばった表情になるが，簡単な言葉を使って意思を伝えることができ，見通しが持てる活動については，自分からできる子どもであった。

　その一方で，やりたいことがあっても不安や心配な気持ちがあると，活動を自分から始めることができないことがあった。また，感情のコントロールにも課題のある子どもで，思い通りにならないと泣いて騒ぐことがあった。

　授業でコースターづくりを始めたときも，同じグループで一緒に学習する友達や教師の顔と名前は知っているものの，一緒に活動するのは不安な気持ちが強く，落ち着かない様子だった。また，初めのうちは活動の見通しが持てず，自分から友達に関わることもなく活動に対しても受け身的で，教師に言われたことだけをやっている様子だった。

　そのため教師は，F児に対して「これやってみて」「○○さんと一緒に作るよ」など，具体的な言葉をかけ，紙や糊などの道具をどんどん机の上に置いていった。このように，F児に対して何とか活動させようと教師は躍起になっていたが，F児は主体的に活動しなかった。そこで教授モデルを立案し，意図的・組織的な対応を始めることにした（次ページの教授モデル参照）。

　教授モデルを検討する中で，F児に対しては，安心した気持ちで活動

第8章 感情コントロール力の育成とキャリア教育の実践展開Ⅱ

F児への教授モデル（一部抜粋）

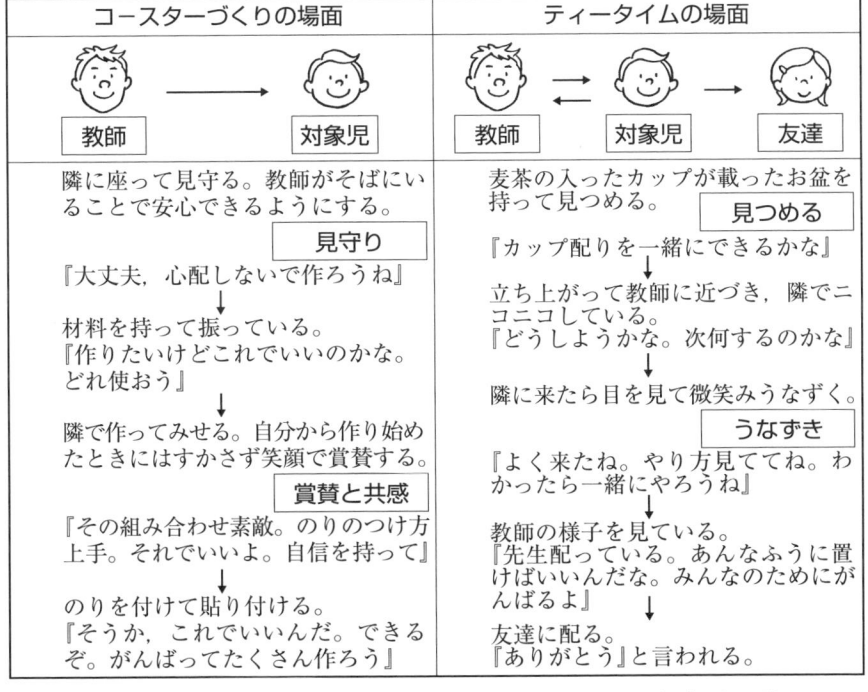

コースターづくりの場面	ティータイムの場面
教師 → 対象児	教師 ⇄ 対象児 → 友達
隣に座って見守る。教師がそばにいることで安心できるようにする。　　**見守り**　　『大丈夫，心配しないで作ろうね』　↓　材料を持って振っている。　『作りたいけどこれでいいのかな。どれ使おう』　↓　隣で作ってみせる。自分から作り始めたときにはすかさず笑顔で賞賛する。　**賞賛と共感**　『その組み合わせ素敵。のりのつけ方上手。それでいいよ。自信を持って』　↓　のりを付けて貼り付ける。　『そうか，これでいいんだ。できるぞ。がんばってたくさん作ろう』	麦茶の入ったカップが載ったお盆を持って見つめる。　**見つめる**　『カップ配りを一緒にできるかな』　↓　立ち上がって教師に近づき，隣でニコニコしている。　『どうしようかな。次何するのかな』　↓　隣に来たら目を見て微笑みうなずく。　**うなずき**　『よく来たね。やり方見ててね。わかったら一緒にやろうね』　↓　教師の様子を見ている。　『先生配っている。あんなふうに置けばいいんだな。みんなのためにがんばるよ』　↓　友達に配る。　『ありがとう』と言われる。

に取り組むために，自信を持って自分のやりたいことを自分で決め，やり通すことを大切にして関わることにした。

　また，授業の流れを「学習の確認」「グループ活動」「ティータイム」「後片付け」というように毎時間ほぼ同じ流れで学習を進めることにしたことで，見通しが持て，F児は安心した表情を見せ始めた（授業の流れは115ページ参照）。

　このとき教師は，自分の視野に入る位置でF児を優しく見守り，作り方を見せるようにした。その上で，F児の動き出しを待つことにし，指示的な言葉かけを少なくするように心がけた。たとえば，教師はコースターのパーツができると意図的に周囲の友達に「お願いね」「はい，どうぞ」などと働きかけてもらい，友達の関わりを増やしていくことにした。その上で，できるようになったことや自分から頑張ったことを教

師が積極的に取り上げ,「椅子の片付けを一緒にやってくれて助かったよ,ありがとう」「花びらの付け方ちょうどいいね,すてきだったよ」などと具体的にその場で賞賛した。

こうした中でF児は,学習の流れを理解し,活動に参加してみようという気持ちが高まっていった。そして,「自分は椅子を片付けてコースターづくりの準備をしよう」「花びらをどんどん付けよう」などと思うようになり,主体的に活動するようになった。また,教師が優しく見守ることで安心し,始終穏やかな表情を見せるようになった。教師の顔を見て不安そうにしているときには,うなずいて気持ちを後押しするなどしてやると,やりたいと思ったことに自分から取り組むようになった。

友達とコースターを作るF児

(2) 人と関わることから,役に立つことへの意識の変化

こうした関わりを継続することで,F児は徐々に活動意欲を高めていき,自分もやってみようという気持ちになっていった。特に,教師の活動を模倣し,「できた」と思う経験を積み重ねていくことで,ものづくりや人との関わりの楽しさに気付き,充実感や満足感を味わいながら,活動に集中して取り組むようになった。

こうしたF児の姿を引き出すことができた理由の1つに,教授モデルを作成して教師間で共通した関わりができたことが挙げられる。F児の教授モデルの特徴は,場の設定とその中での声かけである。

たとえば,授業で使う道具や素材を精選し,必要な材料が一目見てわ

かるようなセッティングをした。何をすればよいか明確になったF児は，友達や教師に関わる余裕ができ，「今日は何を作る？」「だれと作る？」「○○が足りないどうしよう」などという教師の問いかけに応じて考えるようになった。

そうした中で，F児は「友達と○○を作る」「先生と○○を作る」というように自分の相手を見つけ，その友達や教師との関わりを楽しむようになり，みんなのために自分の役割を果たそうとするようになった。特にF児は，一度経験して自信が持てたことについては，「ここはぼくがやる」と言いながら，生き生きとした表情を見せ，責任を持って活動に取り組むようになった。

このように，見通しが持てるように環境を整えた上で，他者とのやりとりの中で安心して試行錯誤ができるように授業づくりをすることが，F児の意識を変化させることにつながったのではないかと考える。F児はこうした活動を通して，自分の役割を果たす満足感を味わうとともに，その成果を教師などから賞賛され，認められ，自己肯定感を高めていった。

責任を持って役割を果たすF児

小学校高学年以上の子どもにとって，感情コントロール力とキャリアを育てる指導は，こうした認識面の支えをつくりながら，苦手なものに対処しようとする気持ち（感情）を育て，他者とのやりとりの中で自らの役割や存在を意識させることが重要なのではないかと考える。

4 好循環を生み出すキャリア教育

(1) 「できる」ことの蓄積ではなく,「やりたい」気持ちの社会的実現

　以上の実践をふまえると,感情コントロール力を育てる授業づくりとキャリア教育は次のように展開していくことが必要であると考える。すなわち,子どもたちの「やりたい」という気持ちを引き出しながら,教師や友達とのやりとりの中で,子どもの活動を発展させていくことが重要であった。
　そして,子どもの活動を発展させるためには,子どもの状態に応じて教授モデルを作成し,働きかけを変化させていくことが効果的であった。このとき,ただ「できる」ことだけをする授業よりも,ちょっとした困難を乗り越えるために他者と協働することのほうが,子どもたちは主体的に活動するということも実践を通じてわかったことであった。
　特に,教師の関わり方を変化させながら,子どもが「やりたい」と思う活動を少しずつ社会的に広げていくと,子どもたちの活動は,他者と同じ場で活動すること(共同)から,同じ目的を共有しながらそれぞれの活動を行う活動(協同),さらには,友達と力を合わせて行う活動(協働)へと発展していく。そして,そうした実感を伴った社会的活動が,子どもたちに達成感や充実感を味わわせ,自己肯定感を高めることにつながるのだと考える。

(2) 日常場面の生き生きとした姿に広がることがキャリア形成

　本章では2つの事例を紹介したが,それらに共通する具体的な教育方法(授業づくりの視点)をまとめると以下のようになる。

第8章　感情コントロール力の育成とキャリア教育の実践展開Ⅱ

キャリアを形成する授業づくりの視点

授業の基盤づくり	授業の流れを考え，教室環境の構造化を図る。その一方で，教師も子どもと共に活動を楽しみながら，子どもの活動の方向性をさりげなく指示していく。授業は，全体的に賞賛や共感の言葉かけを多くし，温かく見守り続けるといった姿勢で臨むことが重要である。
基本的スキルの獲得から自信の獲得へ	基本となるスキルはしっかり指導する必要がある。そのスキルがベースとなり，結果として子どもたちは自信を持って活動できるようになるからである。ただし，スキルを獲得することが目的なのではなく，活動を通して達成感や充実感を味わうように授業を進めていくことが必要である。
子どもの発想を取り入れる	スキルを獲得できたら，子どもの発想を取り入れた活動に発展させる。そうすることで，子どもは活動に対して新しい意欲が出る。こうした好循環を生み出すと，教師や友達との関わりも変化し，自分の感情や行動を自己調整し，他者と協同（協働）して活動できるようになる（感情コントロール力とキャリア形成）。

　こうした授業を展開すると，日常生活のさまざまな場面で子どもたちが生き生きと活動する姿が見られるようになった。たとえば，「キャンドルとコースターづくり」の授業のあと，年賀状づくりに挑戦したE児やF児は，道具の使い方がわからなくてイライラすることもあったが，自分の感情を調整しながら，活動を継続することができた。
　その後，自分の作品を交流先の幼稚園児やお世話になっている学校の職員の方にプレゼントをする場面があったが，子どもたちがとても生き生きとした表情でプレゼントしている姿が印象に残っている。

コラム

言葉にならない意味をキャッチする

　私たちは周囲から見たり聞いたり感じたりすることで，さまざまな情報を常にキャッチしている。そのキャッチした情報は言葉でその意味を表現できるものもあれば，言葉では意味を表現しづらいものもある。このうち，言葉にならない意味をキャッチすることを「含意サブシステム」と言う。

　これは，私たちが場の空気を読み取ったり雰囲気を感じたりするときに働かせているものである。そのため，これがうまく働かないと，その場の空気や雰囲気が醸し出している言葉にならない意味をうまくキャッチできなくなり，その場や雰囲気にそぐわないような言動をとってしまう。俗に言う"空気が読めない＝KY"の状態である。

　一般的には大人の方が空気を読めると思われているが，実際には言語が十分に発達していない子どもの方が，大人よりも言葉にならない意味をキャッチすることに優れていると思われる場面が多い。

　このため，教育実践では，子どもが感じている「言葉にならない意味」を意識して指導することが大切なのではないだろうか。つまり，"子どもがその場の空気や雰囲気をどのように感じているのか？"という視点を持って大人が子どもの言葉にならない気持ちを類推することが大切であると考える。

　具体的には，文字通り"子どもと同じ目線に立つ"ことが重要である。場の空気や雰囲気は五感を通して感じる。その五感のうち，大人と子どもで大きく異なるのは視線（目線）である。子どもが見ているものを子どもの目線で見ることで，大人も子どもが感じている「言葉にならない意味」をキャッチできることが多くなるだろう。

　そして，子どもはこうした目線で自分のことを考えてくれる大人が身近にいることを実感するようになり，これが人に対する信頼感を高めていくことにつながるのではないかと考える。　　　　　　　　　　　　（吉武　仁）

第9章
感情を抑えきれない子どもへの対応と授業づくり

1 気持ちと行動を抑えきれない子ども

(1) 環境調整では対応できない子ども

　私たちでも失敗が重なると，「ああ，もう自分はだめかもしれない」と思うときがあるだろう。また，ストレスの多い仕事が続いたときに，このやり場のないイライラを「どこかにぶつけてしまいたい」と思ったことはないだろうか。

　自分の気持ちと行動が抑えきれずに，物を破壊したり，友達の髪を引っ張ったり，あるいは1日中，教師に暴言を吐いたりしている子どもたちは，日常的に「自分はもうだめだ」，「この気持ちをどこかにぶつけてしまいたい」と思っている子どもたちだと考えられる。

　こうした子どもたちを見たときに，「でも，一般の人は，たとえイライラしても暴力をふるったりせず，何とか我慢しているのだから，簡単に人に暴力をふるったり，暴言を吐いたりする子どもたちは，やはり，我慢する力が足りないのではないか」と結論づけてしまうものである。

　確かに，こうした子どもたちはある意味で「我慢する力」が不足していると考えられる。しかし，これまで，感情を安定させるためには，自尊心などの肯定的な感情を基盤にして気持ちを切り替えることや内省力が必要であると述べてきたが，虐待等によりそうした感情が十分に発達していない子どもがいることを指摘してきた。また，自閉症の子どもなどは，気持ちの発信・受信に困難があり，他者との「すれ違い」が多くなって，情緒不安定になることがあるということも指摘してきた。

　これらのことをふまえると，気持ちと行動を抑えきれない子どもは，障害や生育環境などが複雑に絡み合い，否定的な感情が蓄積しているために，気持ちを切り替え，内省しながら自己コントロールをすることが

できない状態であると考えられる。

　こうした子どもの中には，家庭や学校などの養育や指導のあり方を変化させても，子どもの感情を抑えきれない場合もあり，環境を調整するだけでは不十分で，個別的・専門的なアプローチを必要とする子どもも存在する。

(2) 行動障害が生じるメカニズム

　こうした特別なアプローチを必要とする子どもは，精神的な不安定さが行動と直結しやすく，他人への暴力や，物の破壊などの攻撃性として表面化したり，ときにはそうした攻撃性が非行や犯罪と結びついてしまうケースもある。これまで説明してきた感情の特性から考えると，こうした子どもは内面で負の連鎖が繰り返され，自分の力ではどうすることもできないでいる状態だと考えられる。

　たとえば，少し難しい問題が出されると，子どもの中に「この問題わからないぞ。どうしよう」という不安がよぎる。このとき，精神のバラ

精神的なバランスが保てない

ネガティブ方向 ←バランス→ ポジティブ方向

- この問題わからないぞ。どうしよう
- これで終わりだ
- みんな助けてくれない
- 「バカ・死ね！」
- 物を破壊する

→ 行動障害

- 何とかなるはず…
- 深呼吸をしよう
- 友達に話そう

ンスがとれている人であれば，その不安を深呼吸などをしたり，友人に愚痴をこぼしたりする中で気持ちを落ち着かせ，「何とかなるはず……」というポジティブな方向に気持ちを切り替えることができる。

　しかし，過度にストレスを抱えている子どもの場合には，そうした精神のバランスを保てなくなり，「これで終わりだ」「みんな助けてくれない」というように，ネガティブ感情の連鎖が続いてしまう。こうした不安な気持ちが極度に達したときに，「バカ・死ね」などの暴言が頻発したり，物を破壊してまわるなどの攻撃性が顕著になるというのが行動障害のメカニズムである。

　一方，暴力や暴言など，問題行動として出現しないケースでは，手を洗わなければ気が済まないとか，いつも自分が誰かに襲われるような恐怖心を抱いているケースもある。また，ストレスによってアトピー性皮膚炎が悪化したり，下痢や頭痛が始まる子どももいる。

　こうしたケースは，「神経症」や「統合失調症」あるいは「心身症」などに分類されるが，精神的なバランスが崩れているという点では行動障害の子どもと共通しており，学校や家庭において特別な支援を提供する方法も多くの共通点がある。そこで本章では，精神的なバランスが崩れ，気持ちと行動が自分の力では抑えられない子どもへの対応方法の原則について考えてみたい。

2 医療との連携と個別的対応の必要性

(1) 医療の役割と教育の役割を意識して対応する

　気持ちと行動を抑えられない情緒不安定な子どもの中には，医療との連携や個別的対応が必要な場合がある。こうした場合，医療と連携する目的は，保護者や教師が子どもの心身の状態を客観的に理解することと，投薬の必要性など治療的な対応の指針を得ることである。

　もし，担当する子どもが通院し，医師から薬が出されたら，昼食時など，学校で子どもがちゃんと服薬したかどうかをチェックするのは学校・教師の役割になる。可能な場合には，子どもが自分で薬を飲むことができるように服薬の習慣を身につけさせるなど，病気の自己管理能力を育てていくことも学校や教師の役割として期待される。

　さらに，服薬によって子どもの学校での状態がどのように変化したのかを記録し，保護者を通じてその記録を医師に見せることが必要なケースもある。教育と医療がこうした連携をとることで，子どもに適した治療方法が見つかることもあるので，教師は可能な限り医療と連携して子どもに対応することが必要である。

　その一方で，医療と連携すれば子どもの問題がすべて解決するわけではないということも認識しておく必要がある。それは，服薬によって一時的に精神のバランスを保つことができ，極度の不安や恐怖から解放されても，薬の効能というのは万能ではないからである。

　理想的には，医療の効果と限界を理解しながら，服薬によって子どもの精神的なバランスが保たれているときに，適応行動を増やし，その行動をたくさんほめて，認めて，他者への信頼を回復させるように，子どもを成長させることが教育の役割であると考える。

(2) 個別的対応でルールを最小限にする

　医療との連携が必要な情緒障害児は，集団の中で教育をすることが難しいケースが多い。特に，このイライラの発散があまりにもひどく，1日に数回も荒れた行動を起こしてしまい授業が進行できない事態となっているとか，特定の子どもに対する攻撃（暴力や暴言）を繰り返しているなどのような場合には，集団の中に無理して入れようとするのは本人にとっても周囲の子どもにとっても利益が少ないと思われる。

　こうしたケースは，必要に応じて個別的な対応を行う必要がある。ここでいう個別的な対応というのは，必ずしも教師が子どもと1対1で指導しなければならないというのではないが，子どものペースで授業や指導を柔軟に変更することができるということが条件となる（もちろん，1対1の指導が望ましい場合もある）。

　たとえば，わからない課題が出されたり，友達に「順番を守れよ」と言われたことがきっかけで，友達に攻撃し始めた子どもがいたとする。こうした子どもに対して，教師が別室で積み木遊びをしようと誘う。最初は教師と一緒に積み木を積んで楽しそうに遊んでいたが，どこまで積み上げればよいのか気になり始めたとき，一瞬顔の表情が変わり，積み上げていたものをすべて壊してしまった。

わからない課題が出された

友達に「順番を守れよ」と言われた

イライラがたまって

感情を暴発させて怒る

第9章　感情を抑えきれない子どもへの対応と授業づくり

　こうした場面で，個別的に対応できれば，積み木を崩してしまった子どもを制止する必要はなくなる。むしろ，子どもが「壊すほうが楽しい」と感じているのであれば，「先生が積み上げるから，あなたが壊してね」というように積み木遊びのルール（あるいは役割）を即座に変更し，子どもに合わせて関わることができる。

　もちろん，その積み木を友達にぶつけたり，窓に向かって投げつけて割ろうとしたりするならば，制止すべき行動となるかもしれない。しかし，社会的に認められる範囲で「破壊」を繰り返すのであれば，それも1つの表現として捉え，子どもの遊びに付き合うことがあってもよいだろう。

　こうした教師の対応の原則は，一言で言えば「ルールを最小限にする」ということである。そのため，クラスに情緒不安定な子どもが複数いるならば，みんなで協働して1つのものを作り上げていくのではなく，「同じ場を共有する」という程度にとどめ，それぞれの子どものペースで過ごせるように授業設計や授業展開を工夫することが必要である。

　つまり，こうした子どもに対しては，まず学校の中に安心・安全が保たれている場を確保し，その中で身近にいる他者（学校であれば担当教師）との間で信頼関係を築くことが最優先の課題となるだろう。

3 身体的コミュニケーションの重要性

(1)「治療モデル」と「協働活動」の間の実践

　医療的な対応の目的をわかりやすく表現すると,「病気の人を治療によって通常の状態に戻す」ことである。

　たとえば,不安が高まりやすく,常に気を張っている人に対しては,気持ちを静めるための薬を投与するし,逆に注意集中が持続できない人には,覚醒水準を高める薬を投与する。こうした病気の状態を通常の状態に戻す対応を「治療モデル」と呼ぶとしよう。

　教育においても,前節で例に挙げた情緒不安定な子どもに対する個別的対応は,「治療的モデル」に近いと考えられる。たとえば,積み上げた積み木を破壊する遊びや線画でぐちゃぐちゃに絵を描くなどは,過度なストレスを発散し,精神を正常な状態（バランス）に戻そうとする行為であると考えられる。

　もちろん,こうした対応は子どもの状態がかなり悪い場合には必要なときがある。しかし,そうした治療モデルにもとづく対応だけでは子どもの内面に核となる安心感や自信を築くことはできず,感情を自己コントロールできる子どもに育つとは限らない。そのため,投薬などでせっかく安定した状態を保つことができたとしても,何かのきっかけで元に戻ってしまうということもよくあることである。

　一方で,破壊活動を繰り返すような行動上の困難が大きい子どもの場合,前章までに紹介してきた協働学習のような教育実践は心理的な負荷が大きく,活動に参加できないケースも多い。このように考えると,気持ちと行動が抑えられない子どもたちには,「治療モデル」と「協働活動」の間の実践が必要であると考える。

第9章 感情を抑えきれない子どもへの対応と授業づくり

身体を媒介にしたコミュニケーション

身体や表情を変化させて ⇔ 子どもが心地よくなるように

（こんなふうに揺らしてみよう）

（もっとやってほしい！）

（ぎゅっと強く抱きしめてみよう）

（これはいや！）

両者の「思い」が一致すると「通じ合えた」という実感がわく

(2) 身体を通して「関係」を調整する

「治療モデル」と「協働活動」の間に位置する実践を考えるにあたり，人が協働活動を展開することができるようになるまでの発達過程をおさらいしておきたい。

　生まれたばかりの乳児は，右も左もわからない中でとにかく身近にいる養育者（例：心地よく抱っこしてくれる人）のもとで「安心」を感じ，心理的な安全基地が形成される。このとき，養育者は「いい子ね」とか「かわいいわね」という言葉を発することもあるだろうが，生まれたばかりの乳児には当然，言葉の意味が言語的に伝わっているわけではない。

　そうではなく，その言葉の裏にある養育者の気持ちが身体を通して伝わるというのが本当のところである。極端に言えば，本当は子どもをかわいいと思っていないのに，言葉だけで「かわいいわね」と伝えていても，乳幼児はそれで安心を感じられるわけではない。

　通常，子どもを「かわいい」と思う人は，抱っこをしたときに子どもが心地よくなるように揺らしたり，抱きしめたりするだろう。子どもは

こうした大人の働きかけに対して，泣く，笑う，身体をよじるなど，限られたパターンの応答しかできない。しかし，そうした対応を続けていると，子どもは大人の応答の意味を理解するようになり，「それはいや！」という表情を見せたり，「もっとやって」と手を差し出すようになる。

大人の側は子どもの反応を見て，さらに楽しく，心地よくなるように，揺らし方や抱きしめ方を調整する。こうして子どもと養育者の両者の「思い」が一致すると，「通じ合えた」という実感がわき，子どもはそこで「安心」を感じ，情緒が安定の方向に導かれる。生まれたばかりの乳児は，こうした身体を媒介とした他者(主として養育者)とのコミュニケーションによって感情と認識の双方を発達させていくのである。

もちろん，こうした身体的コミュニケーションをする際には，子どもの生活年齢（暦年齢）は考慮しなければならないだろう。「情緒不安定な子どもには身体的コミュニケーションが重要だからスキンシップをする」という理屈だけを信奉して，中学生や高校生を「抱っこする」というのはあまり教育的ではない。

しかしながら，その原理を応用し，身体的につながっているという実感を持ちながら，そこに集う人たちが共通して心地よいと思えるような（身体的）活動を年齢に応じて用意するということはできるのではないだろうか。たとえば，のこぎりを一緒に引いて，教師と子どもが身体全体を使って丸太を切るなどの協働作業を行えば，「つながっている」という実感が得られ，情緒不安定な子どもも他者を意識し始めるのではないだろうか。

以上のように，気持ちと行動を抑えきれない子どもに対しては，医療と連携しながら「治療的アプローチ」を一部，採用しながら，「発達的アプローチ」を提供することが必要である。このとき，いきなり協働活動を行うことが難しい情緒不安定な子どもに対しては，身体を媒介としたコミュニケーションを基本とした個別的な対応(教育実践)を意図的・組織的に行っていくことが必要となる。

第9章 感情を抑えきれない子どもへの対応と授業づくり

4 子どもと関係を築く自立活動の実践方法

(1) 感情コントロール力を育てる自立活動の内容

　それでは，身体的コミュニケーションを意図的・組織的に行っていく教育実践はどのように展開すればよいだろうか。こうした実践は，特別支援教育では，自立活動として行うことが多いと考える。

　自立活動は，「教育活動全体を通じて行う」場合と「時間を特設して行う」場合に分けて考えられていることは周知の通りである。本書でも重度の障害児に対する表現・造形遊びやものづくりの実践の中で，「身体的・感覚的なレベルで実感を持たせることが重要である」ということを述べてきた。こうした実践も感情コントロールが難しい子どもの困難を改善することをねらって行うのであれば，「教育活動全体を通じて行う自立活動」であると考えることができる。

　また，情緒障害児に対する自立活動として広く行われているものに，

自立活動の位置づけと内容

医師による診断・投薬	自立活動	協働学習キャリア教育
心身の異常を正常に戻す治療が目的	障害の克服・改善を目的とした教育の提供	他者と協働しながら，社会的活動を遂行する力の育成
↓	↓	
●診断 ●投薬の必要性の判断 ●対応指針に関する助言	●ストレス発散 ●リラックスの方法の学習 ●他者との関係づくりの教育　等	

ソーシャル・スキル・トレーニング（SST）が挙げられる。本書の中心的なテーマである感情コントロール力を育てる実践は，社会の中で人と協調して活動していくことができるようになるという意味で捉えれば，「ソーシャル・スキル（社会的な能力）の育成」であると考えられる。しかし，SSTの実践の中には「ルールを理解し，ゲームを通してルールを守る」というように，認識面からアプローチしようとするものも多く，こうした実践は，本書の目指す方向性とは異なるものである。

そうではなく，情緒が不安定になる困難（障害）を克服し，改善することを目的として，「治療的アプローチ」と「発達的アプローチ」の中間で自立活動の授業を展開する必要があるということを本書では強調したいのである。

具体的には，ストレスの処理の仕方やリラックスの方法を学んだり，他者と関係を築くときの感情のコントロールの仕方を学んだりすることが内容として考えられる。もちろん，自分の感情をしっかりモニターして，どのように対処すればよいかを考えるという意味では，認識面も関係している。しかし，この場合でも，どのように行動すればよいかを理解するだけではなく，内省力を育てて感情や行動を自己コントロールできるように指導しなければならない。

(2) 身体的コミュニケーションを楽しむことから始める

このように，感情コントロール力の育成には，社会のルールを言語的・認識的に理解させようとするのではなく，他者との豊かなやりとりを通して「安心」を内面化していくことが重要である。こうした点をおさえて自立活動を実践するとしたら，情緒が不安定な子どもには，他者と競ったり，順番を待ったりするようなゲームよりも，もっと身体的なコミュニケーションが多く含まれる「遊び」を通して自立活動の授業を行うほうが効果的な場合が多いのではないだろうか。

たとえば，昔ながらの遊びを使って，「ずいずいずっころばし」や「ア

第9章　感情を抑えきれない子どもへの対応と授業づくり

ルプス一万尺」など，人の手にふれたり，手をつないだりする活動から始めてみるなどがその一例である。昔ながらの穏やかな歌に合わせて教師と子どもが一緒に手を合わせれば，教師と子どもが身体的なレベルで「つながる」ことができる。

また，幼児の身体遊びでよくやる「ぎっこんばっこん」や「背中を合わせて交互につり上げる」なども情緒不安定な子どもとのコミュニケーションの促進に使えるのではないかと考える。そうした身体遊びを通して，教師も子どもも心地よく身体を曲げたり伸ばしたりすれば，お互いの身体的・心理的距離は縮まるだろう。

中には，大人や友達が身体をふれようとすると不安を感じ，そうした活動を嫌がる子どももいる。そうした子どもに対しては，子どもをひとまず寝転がらせ，伸びなどをして身体的に心地よい時間を過ごすだけでも，大人に対する信頼感は高まるのではないかと考える。

身体を介して子どもと教師が対話（コミュニケーション）する

（吹き出し）こんなに強く引いたらいやがるかな？
（吹き出し）ぼくはとにかく早く動かすのが好きなんだ！
（吹き出し）子どもが力を入れるのを待ってみよう……
（吹き出し）今日の先生はうまいね～

（3） 子どもの表情と身体の変化を読み取り対応を調整する

　このように，情緒障害児に対する自立活動は，身体的なコミュニケーションを楽しみながら，他者と初期の人間関係を築いていく学習をすることが必要であると考える。このとき，単に，子どもと「ぎっこんばっこん」をして遊べばよいのではなく，どのように身体を引き寄せれば，子どもは心地よいのかを考えながら，教師が「適切に応答する」ことが重要である。

　つまり，「ぎっこんばっこん」などの活動を始めたときに，教師は子どもの表情や身体のささいな変化を読み取り，「こんなふうに力を加減してみたらどうか」とか，「こういう関わりは，本当は嫌なのかもしれない」など，常に子どもへの関わり方をモニターし，対応の仕方を調整していくことが求められる。

　もちろん，こうした対応方法には確固たる「正解」があるのではなく，状況に応じて対応を変化させることが必要である。こうしたことからも，教師には子どもの気持ちを想像しながら自分の行動を変化させる「柔軟さ（しなやかさ）」が求められるのだと考える。

5 身体を通して「つながる」ムーブメント教育

(1) ムーブメント教育のねらいと内容

　特別支援教育において、身体を媒介にして子どもにアプローチする方法は、これまでさまざまに開発されてきた。その中の1つにムーブメント教育がある。

　ムーブメント教育とは身体や道具を使って動きながら、身体意識を発達させたり、運動機能を高めたりしながら人間関係を形成することをねらったものである。中には、音楽も道具も一切使用しないで、他者とふれあい、互いの存在を感じ合うことに主眼を置いたものもある。

　人間関係の形成を意図したムーブメント教育は、特定の「動き」ができるようになることが目的なのではなく、視線や表情の動きを細やかに見て、呼吸を合わせて関係性を築くことを大切にしている。こうした身体的な「やりとり」を発展させながら、子どもと教師の関係づくりの基本を学ぶことがムーブメントの1つの大きなねらいと言えるだろう。

　そのため、実践するときには、照明や空間の雰囲気なども考慮する必要がある。特に、重度の知的障害児や行動上の困難が深刻な子どもに対しては、言葉で「指示」したり「説明」したりするよりも、他者の視線を意識したり、お互いの行動や状況を身体的に伝え合うことに意識を向けることが大切である。

　同様に、ムーブメントの成果を見るときにも、「動き」ができたかどうかという観点ではなく、穏やかな時間・空間の中でどのくらい他者を意識することができたかを評価することが大切である。すなわち、安心できる場に身を置く中で、他者の動きに刺激されて、「不安はあるけど、先生と同じようにちょっとだけやってみようか」というような内面で静

かな葛藤を乗り越えられているのかどうかを見ていくことが必要である。

　こうしたことから，どのような動きを子どもとすればよいかというのは一律に言えるものではなく，あくまでも子どもの状態に応じて（あるいは，子どもの好みに合わせて），教師が動きを選択することが原則である。参考までに，茨城大学教育学部附属特別支援学校で行われているムーブメント（動き）の中で，多くの子どもたちが好む代表的なものを以下に3つ紹介する。

ムーブメントの内容の例

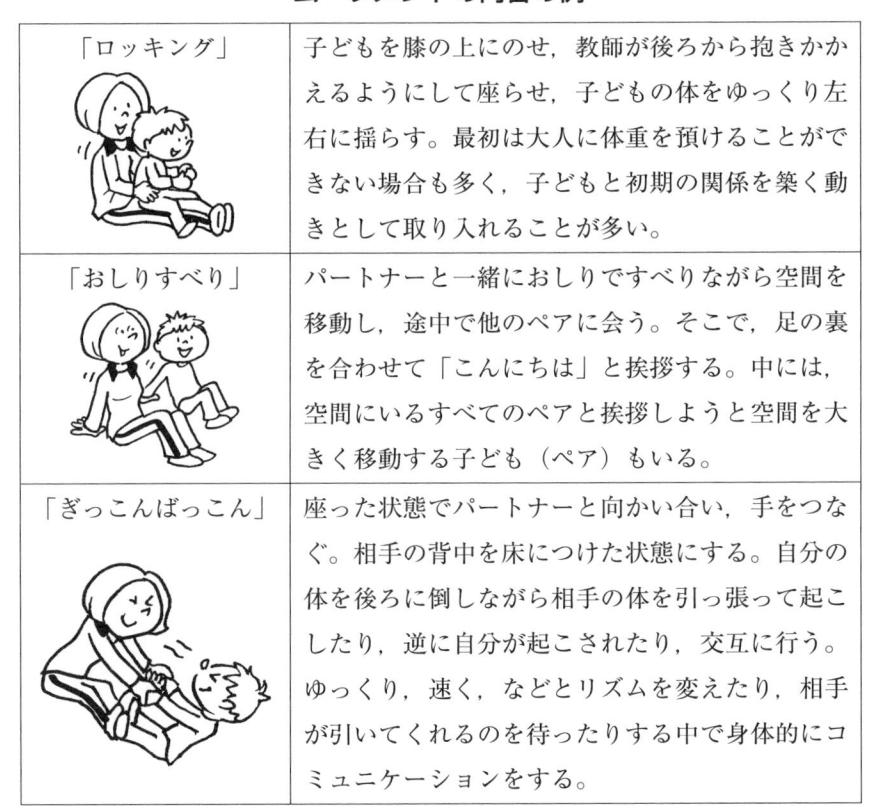

「ロッキング」	子どもを膝の上にのせ，教師が後ろから抱きかかえるようにして座らせ，子どもの体をゆっくり左右に揺らす。最初は大人に体重を預けることができない場合も多く，子どもと初期の関係を築く動きとして取り入れることが多い。
「おしりすべり」	パートナーと一緒におしりですべりながら空間を移動し，途中で他のペアに会う。そこで，足の裏を合わせて「こんにちは」と挨拶する。中には，空間にいるすべてのペアと挨拶しようと空間を大きく移動する子ども（ペア）もいる。
「ぎっこんばっこん」	座った状態でパートナーと向かい合い，手をつなぐ。相手の背中を床につけた状態にする。自分の体を後ろに倒しながら相手の体を引っ張って起こしたり，逆に自分が起こされたり，交互に行う。ゆっくり，速く，などとリズムを変えたり，相手が引いてくれるのを待ったりする中で身体的にコミュニケーションをする。

(2) 活動に対して受け身的なG児に対するムーブメント

① ムーブメントを通して気持ちが他者に向かう

ここでは，特別支援学校小学部6年生G児の事例を挙げて，ムーブメントを通して子どもがどのように変化したかを紹介する。

G児は，言葉を介して簡単なやり取りをすることができる子どもであった。本を見たり音楽を聴いたりするなど好きなことはあるが，自分から要求を表すことはなく，教師の指示を待って活動することがほとんどであった。

ムーブメントが始まった頃は，何をするのか不安そうで，教師を見て動きを模倣することで「活動できていること」を自分で確かめている様子が見られた。教師とのムーブメントを楽しんでいるというより，動きを正しく行うことで安心感を得ているようにも見えた。

パートナーである教師は，不安そうなG児の様子が気になりながらも，ゆっくりと関わり，できたことをほめながら自信を持って活動を一緒に楽しめるように関わった。そうした中で，特に好きな動きのときによく視線が合うことが増えてきた。安心と不安の表情の違いがはっきりわかるようになったり，G児から教師の手を握ってきたりすることも見られるようになった。

② 他者との関わりが増え，「人とのつながり」が広がる

ムーブメントを始めて1カ月が過ぎた頃から，アイコンタクトの回数も多くなり，自分から動き出すことも増えてきた。たとえば，「ロッキング」のときには，後ろを振り向いて教師の顔を見ようとする場面もあり，笑顔で応えることで安心した表情を見せることもあった。この頃から，G児にとってムーブメントの時間が教師と一緒に活動する楽しい時間になり，一緒に顔を見て微笑み合う場面も増えてきた。

さらにムーブメントを始めてから約半年が経ったころ，G児はパート

ナーである教師に意識を向けるようになっていった。たとえば,「おしりすべり」の動きのときに,教師が「おいで」と指示をしなくても自分から教師を追いかけたり,教師のペースに合わせてお尻をすべらせたりするようになった。さらには,他の友達や教師にも視線を向け始め,小集団の中で,一緒に活動する喜びを味わうことができるようになっていった。

(3) ムーブメント教育は人間関係の基礎を形成するプログラム

　以上のように,ムーブメントでは少しずつ活動に変化を加えながら,子どもにとって安心できる場をつくり,その中で,自信や他者とのつながりを深めていくように活動した。このとき,教師からの指示に従うことよりも,子どもの動きや視線を丁寧に受け止め,気持ちに沿った働きかけをしながら,子どもが他者との関わりを広げていくことができるようになるのを待った。

　こうした関わりを続けると,はじめのうちは,新しい活動・新しい場所・新しい人との関係づくりに戸惑い,活動にあまり参加しなかった(あるいは「周辺から見る」という参加をしていた)子どもが,次第に教師に身体をゆだねるようになってくる。こうした変化が人間関係の発達であるなら,ムーブメント教育は発達障害児の安心感や信頼感を高め,人間関係の基礎を形成するプログラムであると考える。

教師に身体をゆだねる子ども

第10章
子どもの感情コントロール力とキャリアを育てるために

1 自己と社会の価値を一致させる

(1) キャリアとは自己と社会の価値を一致させること

　これまで，子どもの感情コントロール力を育てるには，他者と協働しながら実感を伴った社会的活動を展開することが必要であると述べてきた。そして，この活動の中で身につけた力が企業で働いたり，あるいは作業所や施設で過ごしたりするときの重要な基盤となることを指摘した。

　とかく，青年期の子どもには，社会のルールを守らせようと大人主導の教育・指導が展開されやすい。しかし，社会のルールを守れる子どもに育てるためには，「ルールがわかる」というだけでなく，自尊心や自己肯定感といった感情・情緒の発達が必要であると指摘してきた。

　そして，こうした発達を遂げるためには，「子どものやりたいこと(関心や価値)」と「社会的な役割・期待（社会からの要請）」を統一できるように，さまざまな協働活動に参加することが必要であるということを本書を通じて強調してきた。こうした活動に参加できる大人に育てるということは，まさにキャリア教育のねらいの1つであり，「アイデンティティ」の確立などと呼ばれる青年期の重要な発達課題を乗り越えることであると考える。

　わかりやすく言えば，アイデンティティの確立とは，子どもが生きていくための指針を心の中に持つようなものである。すなわち，「自分はこんなふうに生きていけばいいんだ」と考えることができ，そうした自分を受け入れられるように成長することである。こうした成長を遂げていれば，社会に出てから多少の困難場面に直面しても，「何とかなるはず」と思いながら，その状況の中で可能な限り自己実現をはかり，また，自分の役割を果たそうとするのではないかと考える。

(2) 「状況の変化に対応する力」を身につける

このように考えると、これからの教育は子どもの感情や価値を含めて授業を展開することが重要となる。

これまでの学校教育では、子どもが社会人として自立していくためには、知識や技能をたくさん持っていて、それをすばやく、正確に引き出せることが重要であり、そのため認識能力を成長させることに主眼が置かれてきた。しかし、これからの教育実践は、「1人でわかる・できる力」を追究する20世紀型の実践から抜け出さなければならない。

すなわち、困難場面に直面しても、自分を見失わず、状況の変化に対応できる力を育てていくことが、21世紀の新しい教育の目的であると考える。この目的を達成するためには、本書で実践的に示してきたように、子どもが試行錯誤しながら考え、他者と協力しながら課題を解決していく力を育てる授業づくりが求められるだろう。

もちろん、こうした新しい教育実践を開発する必要があるのは、特別支援教育に限ったことではない。むしろ、民間企業に勤めることを希望

感情のコントロールとキャリア形成

一人でわかる・できる力	→	状況の変化に対応できる力
●知識がたくさんある。 ●すばやく・正確に引き出せる。		●試行錯誤しながら考える。 ●他者と協力しながら課題を解決していくか。
20世紀の学力		21世紀の新しい学力

困難場面に直面しても自分を見失わず、苦手を克服し、役割を果たす（＝感情コントロール力とキャリアの育成）

する障害のない青年のほうが顕著に要求される学力であるかもしれない。しかし，障害特性に応じて認知的な支援が広く普及している現状を見ると，特別支援教育においても，あえて「状況の変化に対応できる力」を育てることが重要であると筆者は考えている。

　なぜなら，「状況の変化に対応できる力」があれば，困難場面に直面したときに，即座にパニックを起こすのではなく，「どうしようか」と考え，落ち着いて行動することができるようになるからである。そして，幼少期からさまざまな状況の中で試行錯誤し，自分なりの判断や解決方法を他者とともに考える経験をしている子どもほど，心理的な支えがしっかりと内面化されていて，多少の困難では揺らぐことのない子どもに成長していくからである。

　このとき，筆者は，障害により生じる困難を認識面から支援することを否定しているわけではないということを付け加えておきたい。むしろ，子どもの認識面の成長を確固たるものとするためにも，認識面を成長させる学習だけでなく，友達から学び，友達に教えるというような協働的な学習を特別支援教育の教育実践にしっかりと位置づけることが重要であるということを強調したいのである。

　そして，こうした困難場面に直面しても，自らの感情をコントロールしながら，その困難を乗り越える力を身につけて学校を卒業し，社会人となったならば，その子どもは人間関係をうまく保ちながら自分の役割を粘り強く果たすことができるのではないだろうか。こうした力を総じて「キャリア」と呼び，近年の学校教育が子どもたちに身につけさせる必要性を感じているものではないかと考える。

2 集団で高まり合う学級づくりと授業づくり

(1) 競争的でない雰囲気の中で役割を果たす学習活動

　友達から学び，友達に教えるといった協働的な学習をするためには，一緒に学ぶ仲間（チーム）の雰囲気が過度に競争的にならずに，かつ各自が役割を認識して積極的に活動に参加できるような集団や雰囲気をつくることが大切である。

　学校の学習場面であれば，リーダーが固定され，その子どもに周りの子どもがついていくという構図ではなく，わからない子どもにはわかる子が教え，教わっている子どももどこかで活躍できるというように，集団全体が高まっていくことが重要である。

　これは，チームで協力体制を築いているほうがすべての子どもの学習効果は高いという意味でもある。すなわち，日常的にメンバーの特技（強み）を活かして活動できる集団は大きな成果を上げやすいし，また，その逆に，不測の事態が生じたときに，メンバー同士で苦手なところを補い合うことができる集団は，さまざまな困難を乗り越えられるということである。

　こうした学習集団を形成するためには，一生懸命やった上で間違えたり，失敗したりすることは何も恥じることではないということを普段からクラス全員が感じとっていることが重要

友達から学び，友達に教えて自らも学ぶ

である。こうした学級をつくるには，「困ったときはお互い様」という考え方で，気がついた人が助けに入ることを賞賛することを日頃から教師が実践していることが重要である。

(2) みんなで課題を解決する姿勢を育てる

以上のような協働的な学習を実現するには，授業の内容がさまざまな子どもの課題や特技を包括するものでなければならないし，教師は学習内容と子どもの能力差を埋めるためのさまざまな配慮や工夫をしていかなければならない。

このとき，教師は「教える人」として子どもの前に立つのではなく，「みんなで考えていく」という姿勢を示すことが重要である。しかし，それは教師の指導性を放棄するという意味ではなく，子どもと協働的に活動する裏で，教師はしっかりとした意図をもって指導する必要があると考える。

たとえば，作業の途中でやり方がわからなくて困っている子どもがい

集団＝協働活動の中で考える子どもたち

授業の枠組みづくり

小集団で話し合いながら，疑問をみんなで解決する

どうすればよいか自分たちで考えてごらん

ひとりの疑問をみんなの問題として捉え，集団で解決していく実践

第 10 章　子どもの感情コントロール力とキャリアを育てるために

たときに,「次はこれでしょう」と教えてしまうのではなく,「どうしたらよいか, 自分たちで考えてごらん」と問いかけるようにするなど, あたかも子どもが自分たちで問題を解決しているかのように教師は導いていくことが大切なのである。ときには,「誰か教えてあげられる人はいる？」というように, 集団全体に問題を広げ, 意識的に友達同士を関わらせることも, 教師の意図（指導性）の 1 つである。

このとき, 教えに入った子どもも, いざ教えるとなるとわからなくなってしまい, また別の子どもが教えに入るということがある。そうした状況になったときには, 教師はむしろ指導のチャンスと捉え, 小集団で話し合いながら, 疑問を解決できるまで, いろいろと試しにやらせてみること（試行錯誤）が必要であろう。

もちろん, このような授業展開は, ともすれば, 膨大な時間を必要とするものである。そのため, すべての疑問に対して集団全体で考え, 答えがわかるまでみんなで話し合うということは難しいかもしれない。だからこそ, 教師は子どもたちの疑問に高いアンテナをはっておき,「この疑問はみんなで考えさせよう！」と思ったときを逃さず, 集団に問いかけることが求められる。

このように, 1 人の疑問をみんなの問題として捉え, 集団で解決していく中で「状況の変化に対応できる力」は育つのである。感情コントロール力とキャリアを育てる授業づくりでは, 多少のまわり道をしながらも, 時間をかけてみんなで「考え」, それぞれの子どもが「納得する」プロセスを大切にすることが重要なのだと考える。

3 多面的な自己を形成する大人（教師）の関わり

(1) 複数の解決ルートをイメージできる子どもに育てる

　これまで述べてきた集団全体が高まる教育実践は，活動の中に子どもなりの魅力（動機）があり，魅力ある活動を進めながら，試行錯誤し，他者と協働しながらみんなで課題を解決するというものであった。

　そのため，教師は子どもとの距離感を大切にし，「つかず，離れず」の適度な距離を保ちながら，子どもに「ああでもない」「こうでもない」と善後策を考えさせることが重要であるということを指摘してきた。

　こうした指導を継続的・組織的に提供すると，子どもの内面に「多面的な自己」が形成されると考えられている。多面的な自己とは，「困ったな」とか「失敗しちゃった」と感じたときに，「もうだめだ……」「どうせうまくいかない」というように，ものごとを一面的に捉え，ネガティブな思考が連鎖するのではなく，さまざまな角度から自分を見つめ直せる子どものことをいう。

　具体的には，「失敗したのはこれが原因だ……」などと因果関係を分析してみたり，「まてよ，こうすればうまくいくかも……」というように代替手段を考えてみたり，「次に頑張ればいいか」というように気持ちの整理をつけて次の活動に移るというようなものである。

　これは，「複数の解決ルートをイメージする」ということでもあるかもしれない。こうした成長を遂げていれば，多少の困難場面に直面しても大きく混乱することなく，自ら感情をどのようにコントロールすればよいかを考えることができる大人になれるだろう。

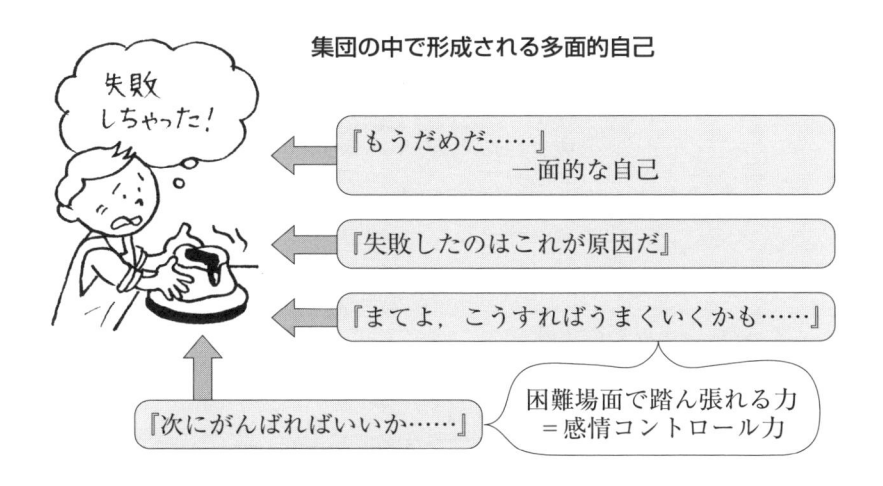

第 10 章　子どもの感情コントロール力とキャリアを育てるために

集団の中で形成される多面的自己

失敗しちゃった！

『もうだめだ……』
　　　一面的な自己

『失敗したのはこれが原因だ』

『まてよ，こうすればうまくいくかも……』

『次にがんばればいいか……』

困難場面で踏ん張れる力
＝感情コントロール力

(2) 集団に働きかけ，集団で思考する授業づくり

　このとき，発達障害児にはものごとを多面的に見つめ，言語的に解決方法を考えることが苦手な子どもが多いことに留意しなければならない。そのため，そうした子どもに対しては，子どもの周りにいる大人が，「こうしてみたらどう……？」「次はがんばろうね」など，多様な解決ルートを示し，ものごとを多面的に考える支援が必要である。

　当然のことであるが，一般の子どもと比べれば，発達障害児は多くの支援を必要とする。こうした多くの支援を個別的に提供するのではなく，状況の中で道具を操作しながら，子どもたち（集団）で紆余曲折しながら，みんなで課題を解決していくように授業を展開することが感情コントロール力とキャリアの育成では必要なのだと考える。

　こうした授業を展開するときの留意点をまとめると次のようになる。すなわち，教師はまず自分の受け持ちの子どもが不安を感じることなく授業（教材）に参加できているのかを考えることが必要である（授業・教材への参加・アクセス）。このとき，教材が，他者との協働の中で試

157

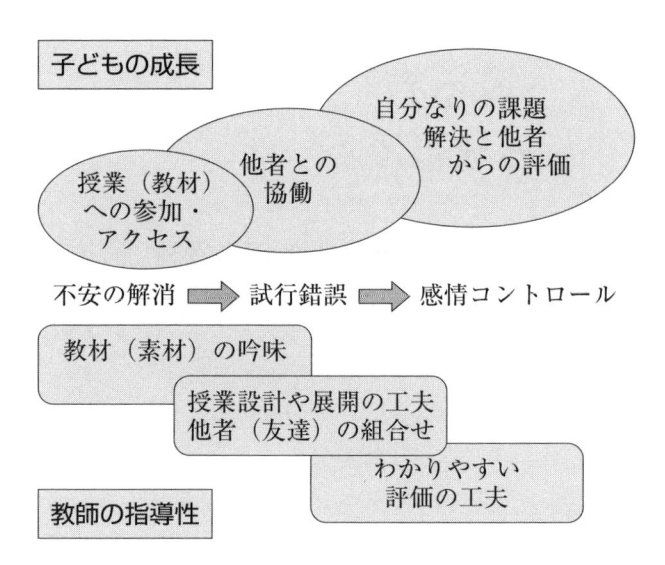

```
        子どもの成長
                        自分なりの課題
                        解決と他者
              他者との    からの評価
              協働
    授業（教材）
    への参加・
    アクセス

     不安の解消 ⇒ 試行錯誤 ⇒ 感情コントロール

     教材（素材）の吟味
         授業設計や展開の工夫
         他者（友達）の組合せ
                 わかりやすい
                 評価の工夫
  教師の指導性
```

行錯誤しやすいものであるかという点も考えなければならない。

　さらに，この教材は子ども同士で協働して活動できているか，また，集団全体が高まるような授業となっているかなど，授業設定や展開について検討することが必要である。

　そして，こうした一連の活動（授業展開）の中で得られた自己評価や他者からの評価をもとに，発達障害児も活動に対する自信や誇りを獲得する。そのため，子どもたちが実感を持って「できた！」と思えるような，わかりやすい（自己・他者）評価の方法を工夫することも授業づくりの課題の１つとなるだろう。

　このように，集団に働きかけ，集団の中で思考できるような子どもに育てるために，教師は教材（道具）・授業展開・他者を総合的に調整することが必要である。教師が見えないところでこうした諸要素をうまく調整しながら授業づくりを進めることができれば，子どもは授業を通して自らの揺れる感情を意識し，それをコントロールする方法を学ぶことだろう。そして，そうした感情コントロール力は，社会的な役割を果たす力（キャリア）へとつながっていくと考える。

第10章 子どもの感情コントロール力とキャリアを育てるために

4 「振り返る教師」が子どもを育てる

(1) 教師にもキャリア形成の視点が必要

　以上のような感情コントロール力とキャリアを育てる授業を展開するためには，教師自身にもキャリア（専門性）が求められる。

　このとき，授業づくりに熱心に取り組むキャリアを積んだ多くの教師が，授業改善を通して「子どもたちの見方が変わった」と語っていることは傾聴に値する。つまり，授業を通して子どもと向き合う多くの教師は，うまく授業を展開できないときに，何とかしようと必死になって授業をした後，自分の実践を振り返り，授業を改善していくうちに，自分自身が変化していることに気がつくのである。

　こうした自己変革を前提とした振り返り（リフレクション）をすることで，教師は小さな成長を積み重ね，そうした中で心底から子どものことを「わかった！」と実感するのだと考える。学術的には，こうした教師を「反省的実践家」などと呼び，新しい時代の教師像と考えられている。筆者も今後の教員養成（特に現職教育）では，こうした資質や能力を育てるために，教師は事例検討や研究授業を通して振り返り，自己の教授方法を改善する研修を重ねることが重要であると考えている。

　そもそも，私たちの生活は予測不能な流動的なことばかりである。明日の授業が予定通り進行するかは誰にもわからない。子どもは教材にまったく興味を示さないかもしれないし，教師の意図と異なる方向に授業が進行していくかもしれない。そうした不測の事態に遭遇すれば，たとえ教師であっても自らの感情を動揺させることもあるだろう。教育とはそうした営みだからこそ，教師もキャリア形成の視点を持って，継続的に自己研鑽する努力と計画が必要なのだと考える。

リフレクションを重ねる教師集団の重要性

(2) 日々の授業改善を積み重ねる中で形成される「教職キャリア」

　そして，教師にもキャリア形成の視点が必要であるというならば，授業づくりは，子どもや同僚教師とともに行う協働活動であると考えることもできるだろう。

　特に，感情コントロール力とキャリアを形成する授業づくりでは，子どもの揺れ動く気持ち（感情）に対して，同僚教師と連携しながら「しなやかに」応答し，子どもの中に核となる考え方や価値感を創出することが求められる。このため，教師自身も変化する状況に応じて揺れ動く自分をモニターしながら，子どもが示すささいな変化に対して，複数の解決ルートの中から最善の方法で瞬時に応答できるようになることが教師に求められる。

　こうした特別支援教育担当教師の専門性は，子どもや同僚教師と授業を創造する中で身につくものであり，日々の授業の中で試行錯誤と課題解決を繰り返し，内省しながら実践を修正する中で形成されるものであると考える。こうした教師の成長を「教職キャリア」と呼ぶならば，特別支援教育に携わる教師のキャリアは，同僚教師とともに日々の実践を内省する中で，地道に授業改善を積み重ねていくことでしか形成できないのではないかと考える。

文献一覧

　本書は，筆者の専門分野である発達障害児の教育方法のほかに，感情研究，キャリア教育，発達研究など，多岐にわたる分野の知見をもとに執筆している。そのため，筆者の専門分野を逸脱する内容も多く，そうした部分については，以下の文献を参考にして執筆した。本書を読んでわかりにくかったところや，もう少し詳しく知りたい内容については，以下の文献をご参照いただきたい。

感情に関する書籍
大河原美以（2004）『怒りをコントロールできない子の理解と援助』金子書房。
大野太郎（2010）「ストレス・コーピングの理論」『児童心理』No. 923, 41-46頁。
北村英哉・木村晴編（2006）『感情研究の新展開』ナカニシヤ出版。
澤田瑞也（2009）『感情の発達と障害』世界思想社。
塩崎尚美（2006）「自尊心と共感する心を育てる」『児童心理』No. 847, 60-64頁。
須田治（1999）『情緒がつむぐ発達』新曜社。
ダニエル・ゴールマン著，土屋京子訳（1998）『EQ―こころの知能指数』講談社。
角田豊（2010）「『人の気持ちがわかる』とは―共感の心理学」『児童心理』No. 916, 1-10頁。
戸田有一（2007）「感情のコントロール方法を共に学ぶ―アンガー・マネジメントの基本」『児童心理（臨時増刊）』No. 867, 103-108頁。
湯川進太郎編（2008）『怒りの心理学』有斐閣。

遊びや人間関係の発達に関する書籍
エリコニン著，天野幸子・伊集院俊隆訳（2002）『遊びの心理学』新読書社。
岡田敬司（1998）『コミュニケーションと人間形成』ミネルヴァ書房。
岡田敬司（2009）『人間形成にとって共同体とは何か』ミネルヴァ書房。

数井みゆき・遠藤利彦編著（2005）『アタッチメント』ミネルヴァ書房。
鯨岡俊（1997）『原初的コミュニケーションの諸相』ミネルヴァ書房。
鯨岡俊（1999）『関係発達論の構築』ミネルヴァ書房。
高橋勝（2007）『経験のメタモルフォーゼ』勁草書房。
高橋たまき・中沢和子編（1996）『遊びの発達学　基礎編』培風館。
長崎勤（2009）「子どもの我慢する力の発達」『児童心理』No. 902, 17-22頁。
無藤隆（1997）『協同するからだとことば』金子書房。
ヴィゴツキー他著，神谷栄司訳（1989）『ごっこ遊びの世界』法政出版。

授業論・教授方法に関する書籍（発達と教育・協働学習・集団など）

阿部好策他編（2006）『集団思考と学力形成（吉本均著作選集2）』明治図書。
上野直樹（1999）『仕事の中での学習』東京大学出版会。
坂本忠芳（2000）『情動と感情の教育学』大月書店。
佐藤学（1997）『教師というアポリア』世織書房。
佐藤学（1999）『学びの快楽』世織書房。
佐藤学（2000）『「学び」から逃走する子どもたち』岩波ブックレット No. 524。
佐野和久（2010）「学級活動一人ひとりの役割を自覚して取り組む集団活動、係活動」『児童心理』No. 922, 76-80頁。
柴田義松（2010）『学習集団論（柴田義松教育著作集8）』学文社。
ドナルド・ショーン著，佐藤学・秋田喜代美訳（2001）『専門家の知恵』ゆみる出版。
中村和夫（1998）『ヴィゴツキーの発達論』東京大学出版会。
松下佳代（2005）「習熟とは何か　熟達化研究の視点から」梅原利夫・小寺隆幸編著『習熟度別授業で学力は育つか』明石書店, 140-182頁。
諸富祥彦（2007）『「7つの力」を育てるキャリア教育』図書文化社。
ロナルド・J・ニューエル著，上杉賢士・市川洋子監訳（2004）『学びの情熱を呼び覚ますプロジェクト・ベース学習』学事出版。
ヴィゴツキー著，柴田義松訳（2001）『思考と言語（新訳版）』新読書社。
ヴィゴツキー著，柴田義松他訳（2002）『新児童心理学講義』新読書社。

ヴィゴツキー著,柴田義松監訳(2005)『文化的―歴史的精神発達の理論』学文社。
ヴィゴツキー著,柳町裕子・高柳聡子訳(2006)『記号としての文化』水声社。

被虐待児の心理的特徴と指導方法に関する書籍
生島浩(1999)『悩みを抱えられない少年たち』日本評論社。
橋本和明(2004)『虐待と非行臨床』創元社。
杉山登志郎(2007)『子ども虐待という第四の発達障害』学習研究社。

発達障害(知的障害を含む)の特徴と教育方法に関する書籍
新井英靖・茨城大学教育学部附属特別支援学校編著(2009)『障害特性に応じた指導と自立活動』黎明書房。
新井英靖・茨城大学教育学部附属特別支援学校編著(2009)『障害児の職業教育と作業学習』黎明書房。
小林隆児(2001)『自閉症と行動障害』岩崎学術出版社。
長畑正道・小林重雄・野口幸弘・園山茂樹編著(2000)『行動障害の理解と援助』コレール社。
西村章次(2004)『自閉症とコミュニケーション』ミネルヴァ書房。
渡邉健治・新井英靖編著(2010)『特別支援教育における子どもの発達と教育方法』田研出版。

おわりに

　本書の執筆を始めたのは2011年3月11日。東北地方で千年に一度と言われる大地震が発生した日でした。最初の1段落を書き始めたところで地震に襲われ，研究室は書棚ごと倒され，見るも無残な状況を目の当たりにしました。その後，震源地は水戸からはるか遠い東北地方であることを知り，その被害の大きさに再び茫然としたものでした。

　そのような状況の中で，自暴自棄になることもなく，次の日から水と食料の確保，近親者の安否確認，そして研究室の片づけへと少しずつ生活を平常化させることができたのは，一緒に建物を逃げ出し，恐怖を語り合った同僚や学生がいたからではないかと思います。また，数週間にわたる余震の恐怖に耐え，それでも前向きに生活を立て直せたのは，ほかでもなく家族がいたからだと思います。

　もともと本書は，日々の生活の中で直面する困難に対して，感情を大きく混乱させることなく，前向きに，明るく生活するためには，一緒にいて楽しいと思える他者の存在が決定的に重要だということを書きたいと考え，編集を始めました。そして，人という存在は他者と協働しながら実感を伴ったさまざまな活動を通して，初めて自らの感情を自己調整でき，満足のいく生活を送ることができるのだということを教育方法学的に論じてみたいと考えました。

　東日本大震災によって多くの犠牲者を出し，多くの人の生活が混乱する中で，筆者はあらためて他者の存在の大きさと，協働的な活動の重要性を認識しました。もちろん，何万人という死者・行方不明者を出した東北地方の方々の「やり場のない感情」をすべてわかるとは言えません。しかし，直面する困難に対して自らの感情をコントロールするためには，信頼できる仲間や家族との協働活動が重要であるということを教育方法学的にまとめあげることが，大震災を経験した筆者にできるささや

おわりに

かなことではないかと考えています。

　本書の主たる対象である発達障害児やその周辺の子どもたちが抱えている困難は，大地震の際に私たちが感じたものとは本質的に異なるものであるかもしれません。しかし，困難な状況に直面したときに感情をコントロールすることができる子どもを育てるという点においては，共通する点が多くあるのではないかと思っています。

　不安定な生活・環境，そして不確かな価値観が社会全体を覆っている時代だからこそ，障害の有無にかかわらず自分をしっかり持てる子どもに育てることが必要なのだと思います。本書がそうした教育実践を展開しようとする学校・教師の一助となれば幸いです。

　本書を執筆するにあたり，茨城大学教育学部附属特別支援学校小学部の先生方と多くの研究授業および研究協議を重ねてきました。こうした協働的な実践研究があったからこそ，教育現場に即した教育方法を提案することができたのだと思っています。また，茨城県をはじめ，全国の特別支援学校の校内授業研究会に参加させていただき，現場の先生方と多くのディスカッションをしたことで，本書の内容がより具体的になったと感じています。

　さらに，平成22年度の大学院の講義において，大学院生のみなさんと年間通して感情について学習し，議論し合った「協働学習」は本書の内容の根幹に位置付いています。これらすべての方々から受けた刺激や示唆をもとに本書が執筆されていることをここに記すとともに，ご協力いただいたすべての方にこの場を借りて感謝申し上げます。

　最後に，本書を出版する機会を与えてくださった株式会社黎明書房および同社編集担当の都築康予さんにお礼申し上げます。

2011年10月

新井英靖

執筆担当一覧

新井英靖　茨城大学教育学部：編著者
　　　　　　（第1章，第2章，第4章，第5章，第9章，第10章，コラム）
三村和子　茨城県立勝田養護学校：編著者（第3章，第6章，第7章，第8章）
茨城大学教育学部附属特別支援学校：編著者
　　白土久江（第3章）　　　　　冨安智映子（第7章-2，3，4）
　　櫻井幸子（第3章-3，第8章-3）竹内彩子（第8章）
　　宇野久美子（第6章）　　　　長瀬　敦（第8章）
　　二村　俊（第6章-2）　　　　四倉直美（第8章-1，2）
　　小橋利香（第7章）　　　　　勝二あすか（第9章-5，コラム）
　　玉川久美子（第7章-1）　　　渡邉鮎美（第9章-5）
齊藤喜紀　茨城県立勝田養護学校（第3章）
岡本　功　茨城県立飯富養護学校（第8章-1）
寺門宏美　茨城県立北茨城養護学校（コラム）
菊地昭裕　栃木県立益子特別支援学校講師（コラム）
吉武　仁　茨城大学大学院教育学研究科修士課程障害児教育専修（コラム）
枝野裕子　茨城大学大学院教育学研究科修士課程障害児教育専修（コラム）
米田有希　茨城大学大学院教育学研究科修士課程障害児教育専修（コラム）

※所属は刊行時のものです。

付記：本研究は，文部科学省科学研究費補助金を受けて行われた研究「発達障害児のキャリア教育プログラム」（若手研究B：研究代表者・新井英靖，課題番号22730712）の成果の一部を加筆修正した箇所が含まれています。

編著者紹介
●新井英靖
　昭和 47 年生まれ。東京学芸大学大学院修士課程修了。東京都立久留米養護学校教諭を経て，2000 年に茨城大学教育学部講師となる。現在，茨城大学教育学部准教授。教育学博士。
　著書に『特別支援教育キャリアアップシリーズ＜全 3 巻＞』『新学習指導要領の実践展開＜全 2 巻＞』（共編著）『特別支援教育の実践力をアップする技とコツ 68』（共著，以上黎明書房），『「気になる子ども」の教育相談ケース・ファイル』（以上，ミネルヴァ書房）などがある。

●三村和子
　昭和 39 年生まれ。明治学院大学卒業。茨城大学教育学部附属特別支援学校教諭などを経て，現在，茨城県立勝田養護学校教諭。臨床発達心理士。
　論文に「自閉症児の他者理解を促す指導に関する研究」（『臨床発達心理実践研究』第 3 巻，41-49 頁，2008 年）などがある。

●茨城大学教育学部附属特別支援学校

　イラスト・小畑由紀子（茨城県立水戸飯富養護学校）
　　　　　　伊東美貴

発達障害児の
感情コントロール力を育てる授業づくりとキャリア教育

| 2011年11月 1 日 | 初版発行 |
| 2012年 1 月20日 | 2 刷発行 |

編著者	新井英靖 三村和子 茨城大学教育学部附属特別支援学校
発行者	武馬久仁裕
印　刷	株式会社　太洋社
製　本	株式会社　太洋社

発　行　所　　　株式会社　黎明書房

〒460-0002　名古屋市中区丸の内3-6-27　EBSビル
☎052-962-3045　FAX 052-951-9065　振替・00880-1-59001
〒101-0051　東京連絡所・千代田区神田神保町1-32-2
　　　　　　南部ビル302号　☎03-3268-3470

落丁本・乱丁本はお取替します　　ISBN978-4-654-01865-9
ⒸH. Arai, K. Mimura & Ibaraki-daigaku kyōikugakubu
fuzoku tokubetsu-shien gakkō 2011, Printed in Japan

新学習指導要領の実践展開① A5・167頁 2000円
障害特性に応じた指導と自立活動
新井英靖・茨城大学教育学部附属特別支援学校編著　障害別の自立活動のアセスメントから評価までを詳しく解説し，自立活動の実践ができるよう編集。知的障害児への自立活動の指導システム／自閉症児のコミュニケーション力を育てる／他

新学習指導要領の実践展開② A5・168頁 2000円
障害児の職業教育と作業学習
新井英靖・茨城大学教育学部附属特別支援学校編著　卒業後の進路にあわせた職業教育や作業学習のあり方，支援方法等を具体的な事例を通して紹介。職業自立に必要な力を育てる実践／高等部から企業就労への移行支援／他

B5・107頁 2200円
自閉症児のコミュニケーション形成と授業づくり・学級づくり
新井英靖他編　自閉症児の人間関係づくりや社会性，コミュニケーション能力をのばす授業実践を詳述。通常学級に通う自閉症児の支援の仕方，こだわり・パニックの対応方法も紹介。

B5・101頁 2200円
発達障害児のキャリア形成と授業づくり・学級づくり
湯浅恭正他編　キャリア形成に必要な「人間関係形成力」「意思決定能力」等を発達障害児が身につけるための授業づくり・学級づくりの理論と実践。就労先との連携や卒業後の支援等についても紹介。

B5・101頁 2200円
気になる幼児の保育と遊び・生活づくり
小川英彦他編　新しい保育所保育指針と幼稚園教育要領に基づく，障害のある幼児の生活習慣づくり，遊びを通した表現活動・からだづくりの実践を収録。家族への支援や幼保小の連携等も紹介。

B5・104頁 2200円
自閉症スペクトラムの子どものソーシャルスキルを育てるゲームと遊び
先生と保護者のためのガイドブック／レイチェル・バレケット著　上田勢子訳　家庭，幼稚園，保育園，小学校で行える，人と上手に付き合っていくためのスキルを楽しく身につけるゲームや遊びを紹介。

B5・151頁 2600円
高機能自閉症・アスペルガー障害・ADHD・LDの子のSSTの進め方
特別支援教育のためのソーシャルスキルトレーニング（SST）／田中和代・岩佐亜紀著　生活や学習に不適応を見せ，問題行動をとる子どもに社会性を育てる，ゲームや絵カードを使ったSSTの実際を詳述。ルールやマナーを学ぶSST／他

※表示価格は本体価格です。別途消費税がかかります。